인간은 왜 구원을 받아야 하는가?

이양림 지음

쿰란출판사

머리말

이 책은 그리스도인의 신앙생활의 모든 것을 다 설명해 주는 것은 아니지만 전반적인 신앙생활에 대하여 한눈으로 볼 수 있는 간결하면서도 핵심적이고 균형 잡힌 안내가 되어 줄 것을 소망하는 마음으로 쓰게 되었다.

교회에 처음 나온 새신자나 초신자에게는 전반적인 신앙생활에 대한 기본적인 안내가 절실히 필요하다. 새신자가 구원의 기회를 놓치면 그는 교회를 떠나 다시 세상으로 돌아가거나 방황할 수 있다. 다행히 교회를 떠나지 않고 교회에 남는다면 그는 교회생활은 할 수 있지만 진정한 신앙생활은 하기가 쉽지 않다. 더구나 교회에서 구원받지 못한 상태에서 직분을 받고 그 위치가 굳어지면 더더욱 구원의 기회는 회복하기가 어렵게 된다.

구원은 받았지만 성도의 삶에 대한 이해가 부족하면 몸은 교회 안에 있지만 삶은 세상 사람과 다름없는 삶을 살 수도 있다. 어느 시대를 막론하고 사탄은 세속주의를 가지고 그리스도인들의 삶을 노리고 있다. 사탄은 우리가 그리스도인이라는 이름은 가졌으나 세속주의의 영향을 받아 진정한 그리스도인의 삶에 실패하기를 바라고 있다.

  그리스도인들의 삶은 섬김으로 이어져야 한다. 에베소서 4장 12절에 성도를 온전케 하여 봉사의 일을 하게 함으로써 그리스도의 몸을 세우려 한다고 하였다. 이 말씀은 교회론을 가장 간결하게 요약한 말씀이다. 그리스도인들은 교회를 세우기 위하여 섬김의 자리로 나아가야 한다.

  이 책은 구원받지 못하고 교회를 떠난 사람이나, 교회 안에 몸을 담고 있지만 구원받지 못하고 교회생활을 하는 사람에게나, 구원은 받았으나 그리스도인으로서의 삶에 실패하는 사람, 그리고 착실하게 그리스도인으로서의 삶은 살지만 섬김의 자리에 나아가지 못하는 사람에게 다가가기 위하여 쓴 책이다.

2019년 10월
이양림

차례

002　머리말

1부 인간은 왜 구원을 받아야 하는가?

　　1. 구원이란 무엇인가?　　　　　　　　　　009
　　2. 왜 구원을 받아야 하는가?　　　　　　　　015

2부 인간은 어떻게 구원을 받는가?

　　1. 구원을 받기 위해서는 죄에 대한 대가가 반드시
　　　 지불되어야만 한다　　　　　　　　　　　046
　　2. 인간은 어떻게 죄에 대한 대가를 지불할 수 있는가?　049
　　3. 왜 예수님을 믿어야만 구원을 받을 수 있는가?　054
　　4. 그러면 어떻게 해야 구원을 받을 수 있는가?　　071

3부 그러면 그리스도인은 어떻게 살아야 하는가?

1. 그리스도인은 선한 삶을 살아야 한다   078
2. 성경을 배워 말씀대로 산다   098
3. 기도한다   117
4. 교제한다   148
5. 사역한다   167
6. 복음을 전파한다   196

1부

인간은 왜
구원을 받아야 하는가?

구원이란 무엇인가?

1) 구원이란 하나님과 인간의 관계회복(화목)이다

롬 5:10 "곧 우리가 원수 되었을 때에 그의 아들의 죽으심으로 말미암아 하나님과 화목하게 되었은즉 화목하게 된 자로서는 더욱 그의 살아나심으로 말미암아 구원을 받을 것이니라"

고후 5:17-18 "그런즉 누구든지 그리스도 안에 있으면 새로운 피조물이라 이전 것은 지나갔으니 보라 새것이 되었도다 모든 것이 하나님께로서 났으며 그가 그리스도로 말미암아 우리를 자기와 화목하게 하시고 또 우리에게 화목하게 하는 직분을 주셨으니"

구원이란 첫째로 하나님과 인간의 관계회복이다. 관계회복이란 원래 관계가 있었는데 깨어졌기 때문에 필요한 것이지 처음부터 관계가 없었다면 깨어질 것도 없고 회복할 것도 없다. 부모와 자식의 관계가 부모가 자식을 낳을 때 맺어지는 것처럼 하나님과 인간의 관계도 하나님께서 인간을 창조하실 때 처음 맺어진다. 그러나 인간의 죄로 인하여 그 관계가 깨어졌기 때문에 회복되어야 하는 것이다.

로마서 5장 10절에서 하나님과의 관계회복을 화목이라고 표현하고 있는데, 관계회복은 그의 아들 곧 예수 그리스도의 죽으심과 그의 살으심(부활)으로 말미암아 성취되는 것이다.

고린도후서 5장 17-18절에서도 화목을 말하고 있다. 누구든지 그리스도로 인하여 하나님과 화목된 자는 새로운 피조물이다.

2) 구원이란 저주(죄, 어두운 영, 영원한 사망)로부터의 해방이다

(1) 죄에서의 구원

> **롬 5:8-9** "우리가 아직 죄인 되었을 때에 그리스도께서 우리를 위하여 죽으심으로 하나님께서 우리에 대한 자기의 사랑을 확증하셨느니라 그러면 이제 우리가 그의 피로 말미암아 의롭다 하심을 받았으니 더욱 그로 말미암아 진노하심에서 구원을 받을 것이니"

> **엡 2:1** "그는 허물과 죄로 죽었던 너희를 살리셨도다"

구원이란 둘째로 저주 곧 죄, 어두운 영, 영원한 사망으로부터의 해방이다. 하나님과 인간의 관계가 회복될 때 우리 인간은 이러한 저주로부터 해방된다. 죄란 하나님을 거스르는 인간의 모든 행위를 말한다. 하나님은 인간은 사랑하시지만 죄는 미워하시기 때문에 죄인은 모두 하나님의 진노의 대상이다.

그러나 인간이 죄인이었을 때 인간을 죄로부터 구원하시기 위하여 그리스도께서 죽으셨다. 그래서 이제 우리는 그리스도의 피로 인하여 의롭다 하심을 받고(죄 없다고 인정받음) 진노하심에서 구원을 받을 수 있게 되었다(롬 5:8-9).

에베소서 2장 1절도 허물과 죄로 인하여 죽을 수밖에 없는 인간들을 예수 그리스도께서 살리셨음을 말하고 있다. 이것이 하나님께서 인간에게 베풀어 주신 가장 고귀한 사랑이다.

(2) 어두운 영에서의 구원

> **엡 2:2-5** "그때에 너희는 그 가운데서 행하여 이 세상 풍조를 따르고 공중의 권세 잡은 자를 따랐으니 곧 지금 불순종의 아들들 가운데서 역사하는 영이라 전에는 우리도 다 그 가운데서 우리 육체의 욕심을 따라 지내며 육체와 마음의 원하는 것을 하여 다른 이들과 같이 본질상 진노의 자녀이었더니 긍휼이 풍성하신 하나님이 우리를 사랑하신 그 큰 사랑을 인하여 허물로 죽은 우리를 그리스도와 함께 살리셨고(너희는 은혜로 구원을 받은 것이라)"

어두운 영이란 사탄, 마귀, 귀신과 같이 인간의 구원을 방해하는 악한 영적 존재를 말한다. 에베소서 2장 2-5절에 나오는 '공중의 권세 잡은 자' 혹은 '불순종의 아들들 가운데서 역사하는 영'은 어두운 영을 말한다.

인간이 어두운 영의 지배를 받게 되면 하나님의 뜻을 따르기보다는 하나님을 대적하는 세상 풍조를 좇아 자기중심의 욕심에 따른 삶을 살게 됨으로써 본질상 하나님의 진노의 대상이 된다. 따라서 인간은 어두운 영의 지배로부터 해방되어야 한다. 긍휼이 풍성하신 하나님이 우리 인간을 사랑하시는 그 큰 사랑으로 인하여 어두운 영에 사로잡힌 우리를 그리스도와 함께 살리셨다.

(3) 영원한 사망에서의 구원

요 5:24 "내가 진실로 진실로 너희에게 이르노니 내 말을 듣고 또 나 보내신 이를 믿는 자는 영생을 얻었고 심판에 이르지 아니하나니 사망에서 생명으로 옮겼느니라"

세상에 태어난 사람은 언젠가는 죽는다. 그때 인간에게는 영생의 길과 영원한 사망의 길이 있다. 영생의 길로 가면 하나님과 함께 영원히 사는 것이고, 영원한 사망의 길로 가면 하나님과 분리된 상태에서 영원히 사는 것이다. 영원한 사망이란 죽어서 없어지는 것이 아니다. 예수님의 말씀을 듣고 믿는 자는 믿는 즉시 영원한 사망에서 영생으로 옮겨진다(요 5:24).

죄는 과거의 저주, 어두운 영은 현재의 저주, 그리고 영원한 사망은 미래의 저주이다. 하나님과 화목하면 이 모든 과거, 현재, 미래의 저주로부터 해방된다.

왜 구원을 받아야 하는가?

1) 하나님은 살아 계셔서 인간을 사랑하시기 때문이다

(1) 하나님의 존재는 만물을 보아서 알 수 있다

롬 1:20 "창세로부터 그의 보이지 아니하는 것들 곧 그의 영원하신 능력과 신성이 그가 만드신 만물에 분명히 보여 알려졌나니 그러므로 그들이 핑계하지 못할지니라"

시 19:1-4 "하늘이 하나님의 영광을 선포하고 궁창이 그의 손으로 하신 일을 나타내는도다 날은 날에게 말하고 밤은 밤에게 지식을 전하니 언어도 없고 말씀도 없으며 들리는 소리도 없으나 그의 소리가 온 땅에 통하고 그의 말씀이 세상 끝까지 이르도다 하나님이 해를 위하여 하늘에 장막을 베푸셨도다"

시 139:13-14 "주께서 내 내장을 지으시며 나의 모태에서 나를 만드셨나이다 내가 주께 감사하옴은 나를 지으심이 심히 기묘하심이라 주께서 하시는 일이 기이함을 내 영혼이 잘 아나이다"

성경은 인간만이 구원의 대상임을 증거하고 있다. 왜 인간만은 구원받아야 하는가? 여기에는 크게 두 가지 이유가 있다. 첫째는 하나님이 살아 계셔서 인간을 사랑하시기 때문이고, 둘째는 인간이 영적 존재로 창조되었으나 죄인이 되었기 때문이다.

먼저 첫 번째 이유에 대하여 생각해 보기로 하겠다. 하나님이 계시지 않는다면 구원 자체가 불필요하게 된다. 하나님이 살아 계시기 때문에 지음 받은 인간들이 구원받고 하나님께 돌아갈 이유가 생기는 것이다. 시편 기자는 시편 14편 1절에서 "어리석은 자는 하나님이 없다 하는도다"라는 말로 무신론자들의 어리석음을 탄식하고 있다. 1973년에 미국의 세속적 인본주의자들이 인본주의자 선언문을 발표하였는데 그들은 하나님의 존재를 과학으로 검증할 수 없기 때문에 하나님은 없다고 하였다.

많은 사람들이 하나님의 존재가 과학적 검증의 대상이라고 생각하고 있는 것 같다. 그러나 하나님의 존재는 과학적 검증의 대상이 아니다. 하나님의 존재를 과학으로 검증하지 못하는 이유는 과학의 한계성 때문이다. 과학은 진실을 알아내는 방법이라고 정의할 수 있다. 과학은 마치 컵과 같아서 컵에 너무 많은 물을 부으면 컵이 물을 모두 담아내지 못하는 것처럼 과학도 하나님의 존재와 같이 진실의 크기가 너무 크면 그 진실을 담아내지 못한다. 과학은 모든 진실을 알아낼 수 있을 만큼 무한한 능력을 가진 방법이 아니다.

하나님의 존재는 만물을 통해서만 알 수 있다(롬 1:20). 만물을 통해 하나님의 능력과 신성을 인식할 때 인간은 하나님의 존재를 알게 된다. 그의 영원하신 능력과 신성은 인간의 눈으로 볼 수 없고 오직 인간에게 주어진 영적 인식 능력으로만 깨달을 수 있다. 이것이 인간이 하나님의 존재를 깨닫는 방법이다. 하나님께서는 인간에게 만물 곧 자연을 통해서 하나님을 알아볼 수 있는 자원을 넘치도록 주셨다. 자연의 질서를 조금만 깊이 들여다보면 놀랍도록 정교한 질서 속에 숨어 있는, 사람의 지혜로는 풀 수 없는 신비가 있다.

먼저 우주를 생각해 보자. 우주에는 수천억 개에 달하는 은하계가 있다. 하나의 은하계는 보통 수천억 개의 별로 구성되어 있는데, 지구를 포함하고 있는 은하계도 약 4천억 개의 별로 구성되어 있다. 이 많은 별들이 모여서 두께 3광년, 지름 10만 광년의 원판 모양의 은하계를 만들고 있다. 태양은 은하계의 중심에서 3만 3천 광년 떨어진 거리에 자리하고 있고 지구를 포함하여 9개의 별들이 그 주위를 주기적으로 질서 있게 돌고 있다. 지구는 태양을 향하여 23.5도 기울어져 있는데 만약 0.5도만이라도 더 기울어졌더라면 지구에서는 생물이 살 수 없었을 정도로 지구의 환경은 달라졌을 것이라고 한다. 이러한 우주의 질서가 존재한다는 사실도 놀랍지만 이러한 우주가 어디에서부터 어떻게 출발하여 이렇게 존재하게 되었는지, 그리고 이렇게 많은 별들이 그렇게 질서 있게 운행될 수 있는지 놀랍고 신비할 뿐이다.

시편 19편 1-4절은 이러한 감동을 전하고 있다. 시편 기자는 하늘, 궁창, 해를 바라보면서 그 속에 숨어 있는 하나님의 능력과 신성을 고백하고 있다. 언어가 없고 말씀이 없지만 그 말씀이 온 세계에 이른다고 하였다. 그리고 들리는 소리가 없지만 그 소리가 온 땅에 통한다고 하였다. 이 말씀은 역설적이다. 어떻게 말씀이 없는데 그 말씀이 온 세계에 이르며 어떻게 들리는 소리가 없는데 그 소리가 온 땅에 통할 수 있겠는가? 이 말씀은 시편 기자가 우주가 소리 내어 말하지 않아도 우주에서 들려오는 말씀과 소리를 듣고 있음을 고백하고 있는 것이다.

별이 우리를 향하여 신비하다고 말하지 않아도 우리는 신비함을 들을 수 있고, 꽃이 우리를 향해 아름답다고 말하지 않아도 우리는 꽃의 아름다움을 들을 수 있다. 인간은 영적 인식 능력을 가지고 있기 때문에 말씀이 없고 소리가 없어도 피조물 속에 담긴 하나님의 능력과 신성을 깨우칠 수 있다.

시편 139편 13-14절에서 시편 기자는 단순히 아기가 태어나는 것만 보고 인간 생명의 탄생의 신비를 통해서 나타나는 하나님의 능력과 신성을 고백하였다. 사람의 탄생 과정에서 드러내는 수수께끼와 같은 신비한 일들을 한번 보기로 하자. 사람의 난자는 직경 0.15mm에 지나지 않는 아주 작은 세포이다. 난자 속을 전자현미경으로 들여다보아도 사람의 모습은 찾아볼 수 없다. 사람의 난자라고 하여 다른 세포에서 찾아 볼 수 없는 무슨 특별한 구조가 있는 것이 아니다.

그러나 일단 정자와 결합하면 수정란은 세포 분열하여 많은 세포로 증식한 다음 기능이 다양한 여러 종류의 세포로 분화하면서 정교한 구조들이 만들어진다. 이 많은 세포가 모두 하나의 동일한 세포에서부터 만들어졌는데도 불구하고 똑같은 세포의 덩어리가 아니고 기능이 다른 여러 종류의 세포가 된다. 어떤 세포는 눈이 되고, 어떤 세포는 뇌가 되고, 어떤 세포는 간이 된다. 이것을 우리는 세포의 운명이 다르게 결정된다고 말한다. 어떻게 한 개의 세포로부터 출발한 세포들의 운명이 다르게 결정되는지 아직까지 과학으로는 다 설명할 길이 없다. 생명의 질서는 인간의 지혜로는 헤아릴 수 없으리만큼 신비하고 묘하다. 이렇게 신비한 생명의 질서 속에 숨어 있는 하나님의 능력과 신성을 깨달음으로써 인간은 하나님이 살아 계심을 인정하게 된다.

17세기에 시작한 과학혁명을 통해서 과학이 부상하면서 가장 강하게 도전받은 주제는 하나님의 존재와 인간의 정체성에 대한 것이었다. 그때까지는 당연히 하나님은 살아 계신 신이시고 인간은 하나님으로부터 창조된 영적 존재로 이해되었다. 그러나 과학혁명이 진행되면서 그 당시 과학자들은 물질 속에는 능동적인 힘과 물질의 법칙이 있기 때문에 하나님의 개입 없이 물질만으로 자연현상은 자율적으로 구현될 수 있다는 생각을 굳혀 갔다. 이러한 물질론으로 과학자들은 하나님을 우주 밖으로 밀어내더니 끝내는 그러한 하나님은 필요 없고, 필요 없는 하나님은 존재하지 않는다고 주장하였다.

또 이러한 물질론에 이어 진화론이 출현하면서 인간을 진화론적 존재로 만들어 버렸다. 오늘날 구원에 대한 혼란이 일어나는 이유를 캐내어 보면 그것은 언제나 하나님과 인간에 대한 잘못된 이해에서부터 출발한다는 사실을 발견하게 된다.

하나님의 존재를 부인하고 인간을 하나님의 개입 없는 진화론적 존재로 이해하면 하나님과의 관계 자체가 성립되지 않기 때문에 관계회복도 기대할 수도 없다.

최근에 유명한 두 무신론자 도킨스(Richard Dawkins)와 호킹(Stephen Hawking)은 부적절한 근거에 기초해서 무신론을 주장하고 있다. 한마디로 두 무신론자는 물질 속에 내재해 있는 능동적인 힘과 자율적인 물리 법칙에 의해서 물질적 혹은 우주적 질서 그리고 생명의 질서까지도 신의 개입 없이 구현될 수 있다고 주장한다.

도킨스는 그의 대표작 《이기적 유전자》(Selfish Gene)에서 유전자는 능동적이고 자율적이어서 이기적으로 자연선택과 돌연변이를 통하여 더 진화된 유전자로 발전할 수 있고 몸에서 몸으로 옮겨가면서 영원히 죽지 않는다고 주장하고 있다. 그뿐만 아니라 유전자는 생명체의 모든 형질을 통제할 수 있는 프로그램을 가지고 있다고 주장하고 있다. 이러한 그의 주장은 자연선택설, 돌연변이와 유전자에 대한 잘못된 이해에서 비롯된 것으로 보인다.

첫째로 그는 자연선택설이나 돌연변이를 통하여 새로운 형질이 만들어지는 것으로 이해하고 있는데 이러한 방법으로는 절대로 새로운 형질이 만들어지지 않는다. 돌연변이란 유전자에 일어나는 갑작스런 변화이다. 돌연변이가 일어나면 유전자로부터 만들어지는 단백질 구성에 변화가 일어난다. 단백질 구성이 바뀌면 단백질은 새로운 기능을 구현하는 것이 아니고 오히려 본래의 기능을 상실한다. 생물학적 형질은 모두 단백질에 의해서 구현되는데 단백질이 기능을 상실하면 그 단백질에 의해서 구현되는 형질이 오히려 사라진다. 자연선택은 돌연변이로 창출된 새로운 형질이 환경요인에 의해서 선택되는 것을 말한다. 그런데 돌연변이로 인하여 새로운 형질이 만들어질 수 없다면 자연선택도 일어날 수 없다.

둘째로 도킨스가 잘못 이해하고 있는 것은 유전자 속에 있는 프로그램을 통하여 유전자가 자율적으로 생명체의 모든 형질을 통제할 수 있다는 것이다. 유전자 속에는 모든 형질을 구현할 수 있는 프로그램이 있지만 그 프로그램을 통제하는 것은 유전자가 아니다. 이것을 기타 연주에 비유해서 설명하면 다음과 같다. 기타 줄에는 모든 음정을 낼 수 있는 장치(유전자의 프로그램에 비유할 수 있음)가 있지만 그 장치를 가지고 음정을 구현하는 것은 기타 줄이 아니고 연주자의 손가락이다. 이와 같이 유전자 속에 있는 프로그램은 자율적으로 작동하는 것이 아니고 유전자 이외의 다른 어떤 힘에 의해서 작동되는 것이다. 그러나 아직 그 힘이 무엇인지 과학은 밝혀내지 못하고 있다.

아직도 과학으로 풀 수 없는 신비한 수수께끼 하나가 있다. 세포의 종류가 다를지라도 모든 세포에는 동일한 유전자가 있다. 그럼에도 불구하고 세포의 종류에 따라 유전자는 다르게 그리고 선택적으로 발현한다. 그 결과 세포의 종류에 따라 다른 단백질이 만들어진다. 뇌에는 뇌 단백질, 그리고 근육에는 근육 단백질이 만들어짐으로 뇌는 뇌 기능, 그리고 근육은 근육 기능을 구현할 수 있다. 모든 세포가 동일한 유전적 프로그램을 가지고 있는데 어떻게 작동하는 프로그램은 세포의 종류에 따라 다를 수 있을까? 유전자는 생물체의 모든 프로그램을 가지고 있지만 유전자가 자율적으로 프로그램을 통제하는 것이 아니다.

또 다른 무신론자 호킹은 《위대한 설계》(Grand Design)에서 "M이론에 따르면 우리의 우주는 유일한 우주가 아니다. M이론은 엄청나게 많은 우주들이 무에서 창조되었다고 예측한다. 그 우주들이 창조되기 위해서 어떤 초자연적인 존재 혹은 신의 개입은 필요하지 않다. 오히려 그 다수의 우주들은 물리법칙에서 자연적으로 발생한다"라고 쓰고 있다.

M이론이란 우주가 기본적으로 끈이나 막과 같은 구성성분으로 되어 있다는 이론이다. 끈이나 막의 진동에 따라 각기 다른 입자가 된다고 한다. 이전에는 기본 입자를 점 입자로 나타내었지만 끈이론과 M이론에서는 끈이나 막으로 나타낸다. 우주학자들은 하나의 끈이론으로 네 가지 우주의 기본 힘(중력, 전자기력, 강력, 약력) 중에 중력을 제외한 다른 세 종류의 힘을 설명할 수 있다고 주장하고 있다. 즉 힘을 매개하는 매체가 끈이나 막의 구조를 가진 입자들이라는 것이다.

호킹은 M이론과 같은 물리법칙에 기초하여 다중 우주가 무에서 자연발생적으로 만들어졌다고 예측한다. 다중 우주란 태양계와 같은 우주가 우주 속에 많이 존재한다는 뜻이다. 이렇게 우주의 기본 힘을 M이론으로 설명할 수 있고 다중 우주가 사실이라면 우주는 자연발생 과정을 통하여 만들어진 것이지 신에 의하여 만들어진 것이 아니라는 것이다. 호킹은 우주의 창조를 위하여 신의 개입은 더 이상 필요하지 않다고 주장하였다. 그러나 호킹은 너무 빈약한 근거를 가지고 너무 큰 주장을 한 것으로 보인다. 끈이론이나 M이론은 아직까지 과학적으로 검증되지 않은 이론(추론)인데, 이 정도의 이론으로 신의 개입을 물리치고 신의 존재를 부정하는 것은 적절하지 못하다.

(2) 하나님은 창조주이시다

창 1:1 "태초에 하나님이 천지를 창조하시니라"

히 11:3 "믿음으로 모든 세계가 하나님의 말씀으로 지어진 줄을 우리가 아나니 보이는 것은 나타난 것으로 말미암아 된 것이 아니니라"

하나님은 창조주이시다. 하나님은 창조주로서 인간과 만물을 창조하셨다. 성경은 하나님이 천지를 창조하셨다는 창조주이심을 선포하는 것으로 시작한다(창 1:1). 하나님의 창조는 믿음으로만 알 수 있을 뿐이지 인간의 눈으로 보아서 알 수 있는 것이 아니다. 그 이유는 보이는 것은 나타나는 것으로 말미암아 된 것이 아니기 때문이다(히 11:3). 보이는 것이란 인간의 방법, 특별히 과학적인 방법으로 볼 수 있는 모든 자연현상을 말한다. 그리고 보이는 것이 나타난 것으로 말미암아 된 것이 아니라는 것은 보이는 자연현상은 나타난 것으로 된 것이 아니라는 뜻이다. 즉, 자연현상은 나타나지 않는 초자연적인 능력에 의해서 구현된다는 뜻이다. 자연현상은 초자연적 능력과 분리되어 있는 것이 아니고 자연현상 뒤에 초자연적인 능력이 숨어 있는 것처럼 연결되어 있다.

그러나 인간은 인식 능력의 한계성 때문에 자연현상까지만 볼 수 있을 뿐 그 뒤에 숨어 있는 초자연적인 능력은 보지 못한다. 인간에게 창조된 자연은 보이지만 자연을 구현하는 하나님의 초자연적인 창조의 능력은 나타나지 않는다. 그러나 영적 인식 능력을 가진 인간은 보이는 것에 숨어 있는 하나님의 능력과 신성을 인식할 수 있다.

(3) 하나님은 영이시며 사랑이시다

요 4:24 "하나님은 영이시니 예배하는 자가 영과 진리로 예배할지니라"

요일 4:8 "사랑하지 아니하는 자는 하나님을 알지 못하나니 이는 하나님은 사랑이심이라"

하나님은 영이시며 사랑이시다. 하나님 자신이 영적 존재이시기 때문에 인간을 영적 존재로 지으시고(요 4:24), 사랑하시기 때문에 인간을 구원하기를 원하시는 것이다(요일 4:8).

2) 인간은 영적 존재로 창조되었으나 죄인이기 때문이다

(1) 인간은 영적 존재이다

① 인간은 영, 혼, 몸으로 구성된 존재이다

살전 5:23 "평강의 하나님이 친히 너희를 온전히 거룩하게 하시고 또 너희의 온 영과 혼과 몸이 우리 주 예수 그리스도께서 강림하실 때에 흠 없게 보전되기를 원하노라"

인간이 구원받아야 하는 두 번째 이유는 인간이 영적 성품을 가진 존재로 창조되었으나 죄인이기 때문이다. 일반적으로 사람과 다른 동물 사이에 생물학적으로 큰 차이가 없기 때문에 인간을 동물과 다른 특별한 존재로 인정하지 않으려는 경향이 있다.

그러나 성경은 인간이 생물학적인 존재(육), 그리고 정신적인 존재(혼)일 뿐만 아니라 영적 존재(영)임을 증거하고 있다(살전 5:23).

② 인간은 영적 존재로 창조되었다

창 1:26-27 "하나님이 이르시되 우리의 형상을 따라 우리의 모양대로 우리가 사람을 만들고 그들로 바다의 물고기와 하늘의 새와 가축과 온 땅과 땅에 기는 모든 것을 다스리게 하자 하시고 하나님이 자기 형상 곧 하나님의 형상대로 사람을 창조하시되 남자와 여자를 창조하시고"

창 2:7 "여호와 하나님이 땅의 흙으로 사람을 지으시고 생기를 그 코에 불어넣으시니 사람이 생령이 되니라"

창세기 1장 26-27절에서는 하나님께서 사람을 하나님의 형상을 따라 지으셨다고 하였고, 창세기 2장 7절에서는 사람에게 생기를 불어넣으셨다고 하였다. 이 말씀들은 모두 하나님께서 사람을 지으실 때 영적 성품을 부여해 주심으로 사람을 영적 존재로 지으셨음을 말해 주고 있는 것이다.

창세기 2장 7절을 보면 하나님께서 첫 번째 단계로 흙(물질)을 가지고 사람이라는 생물학적 존재를 지으셨고, 다음 단계에서는 사람에게 생기(영적 성품)를 불어넣으심으로 사람을 생령, 곧 영적 존재로 만드셨다.

혹자는 "아담과 하와는 하나님으로부터 직접 창조되었지만 후대의 사람들도 하나님으로부터 지음 받았다고 할 수 있겠는가?"라고 반문할지 모르겠다. 그러나 앞에서 사람의 탄생 과정에 대하여 언급한 것과 같이 사람의 흔적이라고는 전혀 찾아볼 수 없는 난자와 정자로부터 눈, 코, 입과 열 손가락, 열 발가락이 달린 아기가 태어나는 과정을 보면 지금도 하나님의 창조 역사는 일어나고 있다고 보아야 할 것이다. 시편 139편 13-14절의 말씀에도 시편 기자는 "주께서 나를 모태에서 지으셨다"고 고백하고 있다. 우리 모두는 하나님으로부터 지음 받은 존재이다.

과학자들이 내놓은 과학적 연구 결과를 보면 인간이 분명히 동물들과는 다른 특별한 존재라는 사실을 확인할 수 있다. 1975년 킹과 윌슨이라는 생물학자는 사람과 침팬지의 단백질 100 종류를 비교 분석하여 발표하였는데 사람과 침팬지의 단백질은 99%가 동일하다(identical)는 결론을 내렸다.

여기에서 99%가 같다는 것은 침팬지의 것이 사람의 것보다 1% 부족하다는 뜻이 아니고 침팬지의 것과 사람의 것이 99%가 동일하고 1%가 다르다는 뜻이다. 예를 들면 헤모글로빈 단백질이 모두에게 존재하지만 구성 성분이 100개 중에서 하나만 다르고 99개가 같다는 뜻이다. 2006년에 인간 게놈 프로젝트(Human Genome Project)에 참여하였던 과학자 콜린스(Francis S. Collins)는 그의 저서 《신의 언어》(Language of God)에서 사람과 침팬지의 유전적 DNA가 100% 동일하다고 하였다. 그럼에도 불구하고 침팬지와 사람은 다르다.

일반적으로 물질만으로 모든 현상을 설명할 수 있다고 생각하는 물질론자들은 정신적인 기능은 생물학적 기능에 기인하고, 생물학적 기능은 생물을 구성하는 물질의 기능에 기인한다고 생각하고 있다. 그렇기 때문에 그들은 물질적으로 유사하면 정신적으로도 유사하다고 생각하고 있다. 그러나 침팬지의 행동은 사람의 것과는 비교할 수 없을 만큼 큰 차이를 보이고 있다.

이러한 행동상의 차이(behavioral difference)를 우리는 문명의 차이에서 쉽게 찾아볼 수 있다. 즉, 사람에게는 문학, 예술, 과학, 기술이 있지만 침팬지에서는 이러한 것들을 전혀 찾아볼 수 없다. 행동상의 차이가 물질적인 차이나 생물학적인 차이 때문에 생기는 것이 아니다. 이러한 사실을 통하여 인간은 동물에서는 찾아볼 수 없는 특별한 성품을 가지고 있는 존재라는 사실을 우리는 알 수 있다.

　진화론자들은 인간이 저절로 진화되어 생겨났기 때문에 다른 동물과 별로 다름이 없는 존재라고 주장한다. 그러나 앞에서 사람과 침팬지의 비교 연구 결과에서 언급한 것처럼 인간에게만 있는 영적 성품을 진화론으로는 설명할 수가 없다. 사실상 진화론은 과학적으로 증명된 사실이 전혀 아니다.

　진화론자들은 진화론을 3단계로 나누어 설명한다. 첫 번째 단계는 화학 진화라고 하는데, 간단한 물질에 에너지가 작용하여 복잡해진 물질의 우연적 조합에 의해서 지구상에 처음으로 원시 생명체가 저절로 생겨났다는 주장이다. 그러나 이러한 주장에는 과학적으로도 문제가 너무 많기 때문에 화학 진화를 과학적으로 증명된 사실로 보기에는 불가능하다. 화학 진화가 일어나기 위해서는 최소한도 최초의 지구의 대기에 환원성 기체(수소를 포함하고 있는 기체: CH_4, NH_3, H_2O, H_2)라는 물질이 있었어야 하는데, 그러한 사실을 직접 증명하기도 불가능하지만 간접적인 증거에 의하면 오히려 최초의 지구의 대기 조성은 비환원성 기체라는 것이다.

　진화론자들이 주장하는 진화의 두 번째 단계는 생물의 진화이다. 지구상에 처음으로 생긴 원시 생물체가 저절로 좀 더 고등한 생물로 진화하였다는 것이다. 그러나 여기에도 엄청난 문제가 있다. 진화론자들은 지질 연대에 따른 화석의 순서가 있는 것으로 보아 그러한 순서대로 진화하였다고 주장하지만 화석과 화석을 이어줄 중간 고리(중간 화석)가 없기 때문에 사실상 화석의 순서가 성립되지 않는다. 진화론자들의 논리는 요약하면 점진적인 차이만을 관찰하고 그 차이를 점진적인 변화로 보는 해석 논리이다. 어디까지나 진화론은 하나의 해석으로 과학으로는 입증할 수 없는 가설에 지나지 않는다.

세 번째 단계는 가장 고등한 동물로부터 인류가 진화하였다는 것이다. 오늘날 인류 진화에 대해서는 진화론자 자신들도 앞뒤가 맞지 않는 주장을 하고 있다. 지금까지는 인류 진화가 오스트랄로피테쿠스→직립원인→네안데르탈인→현생인류의 순서로 일어났을 것이라고 주장하였으나, 최근 들어 아프리카 기원설로 그 주장은 바뀌었다. 이 주장의 핵심은 직립원인, 네안데르탈인, 현생인류가 모두 원시인류(hominid)로부터 각각 진화한 다음 아프리카를 탈출하였다는 것이다.

처음 아프리카를 탈출한 직립원인은 아시아 대륙에서 살다가 멸종하였고, 다음에 네안데르탈인은 아프리카를 탈출하여 유럽 대륙에서 살다가 멸종하였다는 것이다. 마지막으로 원시인류로부터 진화한 현생인류만 살아남았다는 것이다. 아프리카 기원설에 의하면, 직립원인과 네안데르탈인은 별개의 종으로 현생인류의 조상이 아니고 원시인류가 현생인류의 조상이라는 것이다. 아프리카 기원설의 가장 핵심적인 문제점은 원시인류의 정체성이 불분명하다는 점과 그러한 원시인류에서 현생인류로 진화할 수 있는 가능성이 없다는 점이다. 이러한 인류의 진화론은 진화론적 관점으로 보아도 납득이 어려운 주장이다.

1940년대에 프랑스의 신부 샤르댕이 처음으로 주장한 유신론적 진화론에 매어 있는 사람들이 있다. 유신론적 진화론이란 하나님께서 진화라는 방법을 통해서 우주와 생명체를 창조하셨다는 주장인데, 이러한 주장은 겉으로 보기에는 그럴듯해 보이지만 뒷받침해 줄 수 있는 근거가 전혀 없고 진화론이 확실한 과학적 사실이라는 전제하에서만 가능하기 때문에 실상은 공허한 주장에 불과하다.

③ 인간은 하나님을 알아볼 수 있는 영적 인식 능력을 가지고 있다

롬 1:19 "이는 하나님을 알 만한 것이 그들 속에 보임이라 하나님께서 이를 그들에게 보이셨느니라"

요일 1:3 "우리가 보고 들은 바를 너희에게도 전함은 너희로 우리와 사귐이 있게 하려 함이니 우리의 사귐은 아버지와 그의 아들 예수 그리스도와 더불어 누림이라"

인간에게는 분명히 하나님을 알 만한 것이 있다(롬 1:19). 즉 인간은 영적 존재로 하나님을 알아볼 수 있는 영적 인식 능력을 가지고 있다는 것이다. 이 말씀은 경건치 않은 것과 불의에 대한 하나님의 심판의 첫 번째 이유로 제시된 말씀이다. 경건치 않음은 하나님과의 관계를 회복하려 하지 않고 하나님으로부터 분리되어 있는 상태를 방치하고 있음을 말한다. 불의는 경건치 않음으로 인하여 나타나는 인간의 영적, 정신적, 육체

적 타락을 의미한다. 영적 타락은 우상숭배, 정신적 타락은 하나님을 떠난 인간 중심의 세계관, 그리고 육체적 타락은 성적 타락을 각각 의미한다.

하나님께서 창조하실 때 부여하신 영적 성품으로 인하여 인간에게는 영적 인식 능력이 있고 영적 인식 능력이 있음으로 인하여 인간은 하나님을 알아 볼 수 있다. 그럼에도 불구하고 하나님을 알아보지 못하면 인간은 당연히 심판의 대상이 된다는 것이다.

두 번째 심판의 이유는 영적 인식 능력을 가진 인간이 만물을 통해서 하나님을 알아보아야 하는데 만물을 보고도 하나님을 알아보지 못하기 때문이다. 그러므로 하나님께서 심판하신다고 할지라도 인간은 핑계할 수가 없다는 것이다. 이러한 심판의 이유는 구원의 이유로도 볼 수 있다. 하나님을 알아볼 수 있는 영적 성품을 가지고 태어난 인간은 만물을 통하여 하나님의 능력과 신성을 인식할 수 있으므로 하나님께로 돌아가야 마땅하다. 만약 인간이 진화의 결과로 영적 성품을 부여받지 못한 생물학적 존재로 태어났다면 심판을 받아야 할 이유나 구원받아야 할 이유가 없다. 침팬지는 영적 성품을 부여받지 못했기 때문에 구원의 대상이나 심판의 대상이 아니다.

하나님께서 인간이 하나님을 알아보기를 원하신 이유는 하나님께서는 인간과 사랑의 교제를 원하시기 때문이다.

요한일서 1장 3절에 사귐은 하나님과 인간의 영적 교제를 의미한다. 사랑은 알아보는 것으로부터 출발하는 것이기 때문에 사랑의 교제를 위해서는 먼저 하나님을 알아볼 수 있는 영적 인식 능력이 우리 인간에게 있어야 한다.

(2) 인간은 모두 죄인이다

롬 3:10-12 "기록된 바 의인은 없나니 하나도 없으며 깨닫는 자도 없고 하나님을 찾는 자도 없고 다 치우쳐 함께 무익하게 되고 선을 행하는 자는 없나니 하나도 없도다"

롬 3:23 "모든 사람이 죄를 범하였으매 하나님의 영광에 이르지 못하더니"

만약에 인간이 죄인이 아니라면 하나님과의 관계도 깨어지지 않았을 것이고 그 관계가 깨어지지 않았기 때문에 구원받아야 할 이유가 없다. 그러나 인간은 모두가 죄인이다(롬 3:10-12). 세상에는 의인, 즉 죄 없는 사람은 하나도 없다. 그래서 진리를 깨닫지도 못하고 하나님을 찾지도 않기 때문에 하나님의 뜻에서 벗어나 선을 행하지 않는다.

이와 같이 죄로 인하여 인간은 하나님의 영광에 이르지 못한다(롬 3:23). 즉, 거룩한 하나님의 형상대로 지음 받은 인간이 하나님의 형상을 상실하기에 이르렀다. 이와 같이 인간이 죄인이 되어 하나님과의 관계를 상실했기 때문에 구원받아야만 하는 것이다.

① 하나님과 같아지고자 하는 마음 때문에 아담은 사탄의 유혹에 넘어가서 죄인이 되었다

> **창 3:1-6** "그런데 뱀은 여호와 하나님이 지으신 들짐승 중에 가장 간교하니라 뱀이 여자에게 물어 이르되 하나님이 참으로 너희에게 동산 모든 나무의 열매를 먹지 말라 하시더냐 여자가 뱀에게 말하되 동산 나무의 열매

를 우리가 먹을 수 있으나 동산 중앙에 있는 나무의 열매는 하나님의 말씀에 너희는 먹지도 말고 만지지도 말라 너희가 죽을까 하노라 하셨느니라 뱀이 여자에게 이르되 너희가 결코 죽지 아니하리라 너희가 그것을 먹는 날에는 너희 눈이 밝아져 하나님과 같이 되어 선악을 알 줄 하나님이 아심이니라 여자가 그 나무를 본즉 먹음직도 하고 보암직도 하고 지혜롭게 할 만큼 탐스럽기도 한 나무인지라 여자가 그 열매를 따 먹고 자기와 함께 있는 남편에게도 주매 그도 먹은지라"

그러면 어떻게 인간이 죄인이 되었는가? 죄는 사탄의 유혹과 하나님에 대한 불순종으로 시작되었다. 창세기 3장 1-6절은 인간이 타락한 과정을 보여주고 있다. 사탄을 상징하는 뱀이 하와를 유혹하였을 때 하와가 하나님의 명령에 불순종하여 먹지 말라는 동산 중앙에 있는 선악과를 먹었다.

이러한 하와의 불순종이 겉으로는 대수롭지 않는 단순한 행동처럼 보이지만 불순종을 불러일으킨 근본적인 동기는 가볍지 않다. 인간의 눈이 밝아 하나님과 같이 될 수 있다고 뱀이 유혹했을 때 하와의 마음이 움직였다. 하와에게 하나님과 같이 되려고 하는 교만한 마음이 있었기 때문에 아담과 하와는 하나님께 불순종하고 사탄의 유혹에 넘어갔다.

② 죄는 모든 사람에게 전가된다

롬 5:12 "그러므로 한 사람으로 말미암아 죄가 세상에 들어오고 죄로 말미암아 사망이 들어왔나니 이와 같이 모든 사람이 죄를 지었으므로 사망이 모든 사람에게 이르렀느니라"

롬 7:19-21 "내가 원하는 바 선은 행하지 아니하고 도리어 원하지 아니하는 바 악을 행하는도다 만일 내가 원하지 아니하는 그것을 하면 이를 행하는 자는 내가 아니요 내 속에 거하는 죄니라 그러므로 내가 한 법을 깨달았노니 곧 선을 행하기 원하는 나에게 악이 함께 있는 것이로다"

이와 같이 한 사람 아담으로 인하여 죄가 세상에 들어왔지만 죄는 한 사람에게만 머무르지 않고 모든 사람에게 전가되었다(롬 5:12). 그래서 모든 사람은 본질적으로 죄인이다. 아담이 죄로 인하여 영적 죽음에 이르는 것처럼 모든 사람들도 영적 죽음에 이를 수밖에 없는 것이다. 바울은 로마서 7장 19-21절에서 아무리 선을 행하려고 할지라도 자기 자신 속에 선과 함께 원치 않는 악이 존재하고 있기 때문에 선과 악이 다투고 있음을 고백하고 있다.

바울에게조차도 아담으로부터 전가되어 온 죄성으로 인한 고통이 있었다. 바울은 이러한 고통을 로마서 7장 24절에서 "오호라, 나는 곤고한 사람이로다. 이 사망의 몸에서 누가 나를 건져내랴" 하며 절규했다. 죄성은 인간 모두에게 잠재해 있지만 이러한 죄성이 직접 행동으로나 말로 나타나면 자범죄가 된다.

③ 죄의 결과는 심판과 사망이다

히 9:27 "한 번 죽는 것은 사람에게 정해진 것이요 그 후에는 심판이 있으리니"

요 3:18 "그를 믿는 자는 심판을 받지 아니하는 것이요 믿지 아니하는 자는 하나님의 독생자의 이름을 믿지 아니하므로 벌써 심판을 받은 것이니라"

롬 6:23 "죄의 삯은 사망이요 하나님의 은사는 그리스도 예수 우리 주 안에 있는 영생이니라"

살후 1:8-9 "하나님을 모르는 자들과 우리 주 예수의 복음에 복종하지 않는 자들에게 형벌을 내리시리니 이런 자들은 주의 얼굴과 그의 힘의 영광을 떠나 영원한 멸망의 형벌을 받으리로다"

인간이 이 세상에서 살 수 있는 시간은 길지 않다. 언젠가는 모든 인간은 죽음을 맞이한다. 한번 죽는 것은 정해진 것이요 그 후에는 인간에게 심판이 있다(히 9:27). 믿는 자는 심판을 받지 않지만 믿지 않는 자는 심판을 받는다고 하였다(요 3:18). 그리고 심판의 결과는 영원한 사망으로 이어진다. 죄의 삯은 사망이고(롬 6:23), 하나님을 모르는 자들과 예수의 복음에 복종치 않는 자들은 영원한 멸망의 형벌을 받게 된다(살후 1:8-9).

2부

인간은 어떻게 구원을 받는가?

구원을 받기 위해서는 죄에 대한 대가가 반드시 지불되어야만 한다

눅 1:77 "주의 백성에게 그 죄 사함으로 말미암는 구원을 알게 하리니"

1) 그 이유는 하나님은 사랑의 하나님이시기 때문에 인간이 멸망하는 것을 원하지 않으시지만

요 3:16 "하나님이 세상을 이처럼 사랑하사 독생자를 주셨으니 이는 그를 믿는 자마다 멸망하지 않고 영생을 얻게 하려 하심이라"

2) 하나님은 공의의 하나님이시기 때문에 인간의 죄는 반드시 벌하셔야만 하기 때문이다

창 2:17 "선악을 알게 하는 나무의 열매는 먹지 말라 네가 먹는 날에는 반드시 죽으리라 하시니라"

사가랴는 주의 백성에게 죄 사함으로 말미암는 구원을 예언하였다(눅 1:77). 구원은 죄를 가지고는 성립될 수 없다. 그러나 하나님은 사랑의 하나님이시기 때문에 인간이 죄로 인하여 영원히 사망(멸망)하는 것을 원하지 않으신다(요 3:16). 혹자는 "하나님은 사랑의 하나님으로서 인간의 죄를 용납해 주실 수도 있는데 왜 하나님께서는 반드시 인간의 죄 문제가 해결되어야만 구원을 주신다고 하시는가?"라고 반문할지도 모른다.

그러나 하나님은 사랑의 하나님인 동시에 공의의 하나님이시기 때문에 인간은 하나님의 공의의 법 앞에서 합법화되어야 한다. 인간은 죄 사함이 없이 하나님 앞에서 합법화될 수 없고 죄 사함은 반드시 죄에 대한 대가가 지불되어야만 성립된다. 하나님의 공의의 법에 따르면 죄에 대한 결과는 창세기 2장 17

절에서 "반드시 죽으리라"고 한 것처럼 영적인 사망에 이르는 것이다. 따라서 구원을 받으려면 반드시 죄에 대한 대가를 지불해야 한다.

인간은 어떻게 죄에 대한 대가를 지불할 수 있는가?

1) 죄에 대한 대가는 인간의 노력이나 선행으로 지불되지 않는다

딛 3:5 "오직 그의 긍휼하심을 따라 중생의 씻음과 성령의 새롭게 하심으로 하셨나니"

눅 23:39-43 "달린 행악자 중 하나는 비방하여 이르되 네가 그리스도가 아니냐 너와 우리를 구원하라 하되 하나는 그 사람을 꾸짖어 이르되 네가 동일한 정죄를 받

고서도 하나님을 두려워하지 아니하느냐 우리는 우리가 행한 일에 상당한 보응을 받는 것이니 이에 당연하거니와 이 사람이 행한 것은 옳지 않은 것이 없느니라 하고 이르되 예수여 당신의 나라에 임하실 때에 나를 기억하소서 하니 예수께서 이르시되 내가 진실로 네게 이르노니 오늘 네가 나와 함께 낙원에 있으리라 하시니라"

인간의 노력과 선행으로 죄에 대한 대가를 지불할 수 있을 것이라고 생각하기 쉽다. 그러나 하나님께서는 우리 인간을 구원하시되 인간의 의로운 행위 때문에 구원하지 않으시고 그의 긍휼하심을 따라 깨끗이 씻어 거듭나게 하시고 성령을 부어 새롭게 하심으로 하셨다(딛 3:5).

예수님 옆에서 십자가에 달린 두 강도 중 하나는 "네가 그리스도라면 한번 우리를 구원해 보라"고 예수님을 향해 빈정거렸지만, 다른 강도는 "하나님을 두려워하지 않느냐?"라고 하면서 빈정대는 강도를 꾸짖으면서 하나님을 인정하고, 자신이 행한 악한 일을 돌아보며 회개했다. 그리고 "예수여"라고 부르면서 죽기 전 십자가상에서 예수님에게 당신의 나라에 임하실 때 자신을 기억해 달라고 요청하였다. 이에 예수님께서는 그에게 "오늘 네가 나와 함께 낙원에 있으리라"고 말씀하셨는데 이것은 그가 구원받았음을 의미한다.

그는 강도로 일생 동안 많은 죄를 지었지만 분명히 예수님을 인정하고 받아들이는 것만으로 구원받았다. 이것은 인간의 죄 문제가 인간의 행위로는 해결되지 않음을 보여 주고 있는 것이다(눅 23:39-43).

2) 죄에 대한 대가는 예수님으로만 지불된다

롬 5:8 "우리가 아직 죄인 되었을 때에 그리스도께서 우리를 위하여 죽으심으로 하나님께서 우리에 대한 자기의 사랑을 확증하셨느니라"

요 14:6 "예수께서 이르시되 내가 곧 길이요 진리요 생명이니 나로 말미암지 않고는 아버지께로 올 자가 없느니라"

죄 문제가 왜 예수님으로만 해결되는지는 나중에 더 자세히 설명하겠지만 성경에 의하면 죄 문제는 오로지 예수님을 통해서만 해결받을 수 있다. 그 이유는 인간이 죄인이었을 때 예수님께서 십자가에서 죽으심으로 죄에 대한 대가를 지불하셨기 때문이다(롬 5:8). 예수님께서 의심 많은 도마에게 "내가 곧 길이요 진리요 생명이라"(요 14:6)고 말씀하신 것처럼 예수님만이 하나님께로 가는 유일한 길이시다.

3) 구원은 값없이 주시는 하나님의 선물이다

> **엡 2:8-9** "너희는 그 은혜에 의하여 믿음으로 말미암아 구원을 받았으니 이것은 너희에게서 난 것이 아니요 하나님의 선물이라 행위에서 난 것이 아니니 이는 누구든지 자랑하지 못하게 함이라"

구원은 은혜를 믿음으로 받아들일 때 주어지는 하나님의 선물이다(엡 2:8-9). 여기에서 은혜란 예수 그리스도께서 죄를 대속하기 위하여 나를 대신해 십자가에서 죽으셨다가 부활하신 것을 의미하고 믿음이란 그 은혜를 인정하고 받아들이는 것을 의미한다. 하나님께서는 인간의 구원을 위하여 필요한 모든 것을 완전하게 준비하셨기 때문에 인간의 선행이나 노력이 필요한 것이 아니다.

만약 인간의 죄 문제를 해결하는 데 인간의 행위가 단 1%만이라도 필요하다면 인간은 그것으로 자랑하였을 것이지만 하나님께서는 인간의 행위를 조건으로 죄 사함을 용납하지 않으셨다. 따라서 구원은 하나님의 선물이다.

왜 예수님을 믿어야만
구원을 받을 수 있는가?

행 4:12 "다른 이로써는 구원을 받을 수 없나니 천하 사람 중에 구원을 받을 만한 다른 이름을 우리에게 주신 일이 없음이라 하였더라"

하나님께서는 인간에게 예수님 외에 구원을 얻을 만한 다른 이름을 주신 일이 없다고 하였다(행 4:12). 구원은 율법이나 안식일을 지키는 것이나 사랑을 하는 것이나 선하게 사는 것이나 다른 종교를 신봉하는 것으로는 성립되지 않는다. 구원은 오직 예수 그리스도를 믿어야만 받을 수 있다.

1) 예수님만이 인간의 죄를 전가 받으실 수 있기 때문이다

사 53:6 "우리는 다 양 같아서 그릇 행하여 각기 제 길로 갔거늘 여호와께서는 우리 모두의 죄악을 그에게 담당시키셨도다"

그러면 왜 예수님을 믿어야만 죄 사함 받아 구원받을 수 있는지 알아보자.

첫 번째 이유는 예수님만이 인간의 죄를 전가 받으실 수 있기 때문이다. 이사야는 오실 그리스도에 대하여 예언하면서 우리 인간의 죄악을 그리스도에게 담당시키셨다고 하였다. 인간의 죄 문제를 해결하는 방법은 죄를 예수님에게 담당시키는 것뿐이다.

한 재판관이 죄수를 놓고 재판을 하였다. 죄수의 죄가 너무 중해서 사형언도를 내렸다. 재판관이 내려다보니 그 죄수는 다른 사람이 아니고 바로 자신의 아들이었다. 법에 따라 사형언도를 내렸지만, 아들을 향한 아버지의 지극한 사랑 때문에 아버지인 재판관은 법복을 벗고 단 위에서 내려와 죄수인 아들을 물리치고 아들에게 내린 죄의 대가를 대신 짊어졌다. 그래서 죄수인 아들은 자신의 죄를 아버지에게 넘겨주고 살아날 수 있었다.

하나님께서 인간의 죄 문제를 해결하시는 방법도 이와 같다. 우리는 죄를 없애는 방법으로 죄를 씻는다고도 하고 태운다고도 표현하지만 죄를 없애는 성경적인 방법은 인간의 죄를 예수님께로 전가시키는 것이다. 우리 인간은 모두가 죄인이기 때문에 인간끼리는 아무리 서로 사랑한다고 할지라도 누가 누구에게 죄를 옮기고 옮겨 받을 수가 없다. 그러나 예수님은 인간의 죄를 전가 받으실 만한 모든 조건을 갖추셨다. 이 세상에 인간의 죄를 전가 받을 만한 존재가 예수님 외에는 없다.

(1) 예수님은 하나님의 아들로서 죄가 없으신 분이시기 때문에 죄를 전가 받으실 수 있다

마 14:33 "배에 있는 사람들이 예수께 절하며 이르되 진실로 하나님의 아들이로소이다 하더라"

마 27:54 "백부장과 및 함께 예수를 지키던 자들이 지진과 그 일어난 일들을 보고 심히 두려워하여 이르되 이는 진실로 하나님의 아들이었도다 하더라"

요 10:36 "하물며 아버지께서 거룩하게 하사 세상에 보내신 자가 나는 하나님의 아들이라 하는 것으로 너희가 어찌 신성모독이라 하느냐"

예수님만이 인간의 죄를 전가 받으실 수 있는 이유는 예수님은 하나님의 아들(신성)로서 죄가 없으시고, 인간의 몸(인성)으로 죄에 대한 대가를 지불하셨기 때문이다. 성경에는 예수님이 하나님의 아들이심을 보여주는 증거가 여러 곳에 나온다. 예를 들어, 예수님의 제자들이(마 14:33), 십자가형을 직접 집행한 백부장과 예수를 지키는 자들이(마 27:54), 그리고 예수님 자신이(요 10:36) 증거하였다. 특별히 백부장의 "이는 진실로 하나님의 아들이었도다"라는 고백은 시사하는 바가 크다. 백부장은 십자가형을 집행하기 전까지 예수님을 만나본 적도 없고 가르침을 받아본 적은 더더욱 없는 사람인데, 십자가형을 집행하며 지진과 일어난 일들을 보면서 예수님이 진실로 하나님의 아들임을 고백하였다. 하나님의 아들인 예수님은 죄가 없으시기 때문에 인간의 죄를 전가 받으실 수 있는 것이다.

(2) 예수님만이 인간의 몸으로 세상에 오셔서 죄에 대한 대가를 십자가에서 지불하셨기 때문에 죄를 전가 받으실 수 있다

빌 2:6-8 "그는 근본 하나님의 본체시나 하나님과 동등됨을 취할 것으로 여기지 아니하시고 오히려 자기를 비워 종의 형체를 가지사 사람들과 같이 되셨고 사람의 모양으로 나타나사 자기를 낮추시고 죽기까지 복종하셨으니 곧 십자가에 죽으심이라"

요 19:30 "예수께서 신 포도주를 받으신 후에 이르시되 다 이루었다 하시고 머리를 숙이니 영혼이 떠나가시니라"

예수님께서는 하나님의 능력으로 잉태되어 인간의 몸으로 이 땅에 오셔서 십자가에서 죽으심으로 인간의 죄에 대한 대가를 지불하셨다(빌 2:6-8). 예수님은 하나님의 본체이시지만 하나님과 동등됨을 주장하지 않으시고 자기를 종처럼 낮추시어 사람의 모양으로 오셔서 십자가에서 죽으셨다. 그는 하나님의 아들로서 죽으신 것이 아니고 우리 인간과 동일한 몸을 가진 사람으로 죽으셨다. 예수님께서 십자가에서 돌아가시기 전에 "다 이루었다"라고 하셨는데(요 19:30), 이 말은 '다 지불하였다' 라고 하는 상업 용어로서 예수님께서 십자가상에서 인류의 모든 죄에 대한 대가를 지불하셨다는 선포이다. 예수님은 사람의 몸으로 죄에 대한 대가를 지불하셨다. 이와 같이 예수님은 인간의 죄를 전가 받으실 모든 조건을 갖추셨기 때문에 예수님만이 죄를 전가 받으실 수 있다.

인간의 죄를 예수님에게 전가함으로써 인간의 죄 문제를 해결할 수 있는 길을 여신 것은 하나님의 공의와 사랑을 보존하시기 위한 하나님의 놀라운 지혜이다. 만약에 하나님의 공의의 법으로만 인간을 심판하신다면 하나님의 사랑은 훼손될 것이고, 반대로 사랑으로만 인간의 죄를 무조건 용서하신다면 하나님의 공의가 훼손될 것이다. 그러나 하나님께서는 인간의 죄를 예수님께 전가시킴으로써 공의와 사랑을 조금도 훼손하지 않고 완전하게 보존하셨다.

2) 예수님만이 부활하셨기 때문이다

(1) 예수님이 부활하셨으므로 죄로 죽었던 인간에게 영원한 생명을 주실 수 있다

요 11:25 "예수께서 이르시되 나는 부활이요 생명이니 나를 믿는 자는 죽어도 살겠고"

롬 6:4-5 "그러므로 우리가 그의 죽으심과 합하여 세례를 받음으로 그와 함께 장사되었나니 이는 아버지의 영광으로 말미암아 그리스도를 죽은 자 가운데서 살리심과 같이 우리로 또한 새 생명 가운데서 행하게 하려 함이라 만일 우리가 그의 죽으심과 같은 모양으로 연합한 자가 되었으면 또한 그의 부활과 같은 모양으로 연합한

자도 되리라"

구원이 예수님만으로 성립되는 두 번째 이유는 예수님만이 부활하셨기 때문이다. 예수님께서 부활하심으로 죄로 죽었던 인간에게 영원한 생명을 주실 수 있는 것이다. 예수님께서 "나는 부활이요 생명이니"(요 11:25)라고 하셨는데, 이것은 예수님의 부활이 있기 때문에 영원한 생명도 있다는 뜻이다. 예수님의 죽으심에 동참하여 우리의 옛사람은 죽고 그의 부활하심에 동참하여 새 생명을 얻게 되는 것이다(롬 6:4-5).

(2) 예수님의 부활이 없으면 인간은 여전히 죄 가운데 있게 된다

> **고전 15:17** "그리스도께서 다시 살아나신 일이 없으면 너희의 믿음도 헛되고 너희가 여전히 죄 가운데 있을 것이요"

만약에 예수님께서 십자가에서 죽으시기만 하고 다시 사신 것이 없었다면 우리 인간들도 예수님과 함께 죽는 것으로 끝

내야 했을 것이다. 실상은 죄 문제조차도 부활이 없으면 완전히 해결되지 않는다. 부활이 없으면 우리의 믿음도 헛되고 우리가 여전히 죄 가운데 있을 것이다(고전 15:17). 예수님만이 부활하셨기 때문에 우리 인간들은 예수님으로만 구원받을 수 있는 것이다.

3) 우리가 예수님으로만 구원받는 이유는 이것이 하나님의 약속 (언약)이기 때문이다

(1) 하나님께서 인류의 구원에 대한 언약을 처음으로 주실 때 구원을 '네 씨'를 통해서 이루실 것을 약속하셨다

> **창 17:19** "하나님이 이르시되 아니라 네 아내 사라가 네게 아들을 낳으리니 너는 그 이름을 이삭이라 하라 내가 그와 내 언약을 세우리니 그의 후손에게 영원한 언약이 되리라"

> **창 21:12** "하나님이 아브라함에게 이르시되 네 아이나

네 여종으로 말미암아 근심하지 말고 사라가 네게 이른 말을 다 들으라 이삭에게서 나는 자라야 네 씨라 부를 것임이니라"

창 22:5 "이에 아브라함이 종들에게 이르되 너희는 나귀와 함께 여기서 기다리라 내가 아이와 함께 저기 가서 예배하고 우리가 너희에게로 돌아오리라 하고"

창 22:18 "또 네 씨로 말미암아 천하 만민이 복을 받으리니 이는 네가 나의 말을 준행하였음이니라 하셨다 하니라"

예수님을 믿어야 구원받는 세 번째 이유는 예수님으로만 구원을 주시겠다고 하나님께서 약속하셨기 때문이다. 하나님께서는 다른 어떤 것으로도 구원을 약속하지 않으시고 오직 예수 그리스도를 통해서만 구원을 약속해 주셨다. 하나님께서 그 약속을 어떻게, 누구에게, 어디에서 맺으셨는지 살펴보기로 하자.

구원에 대한 언약을 주시기까지 하나님께서 행하신 역사가 창세기 12-22장에 기록되어 있다. 창세기 12장에서 하나님께서 아브라함의 나이 75세에 아브라함을 부르시며 "너로 인하여 천하 만민이 복을 얻으리라"는 말씀(창 12:3)으로 이 약속에 대한 비전을 처음으로 주셨다. 아브라함은 이 말씀 속에 담겨져 있는 하나님의 뜻을 처음에는 헤아리지 못했지만 세월이 흐르는 동안 마침내 하나님의 뜻을 헤아리는 데까지 도달한다.

하나님께서는 이 약속을 이삭 앞에서 아브라함과 맺고자 하는 뜻을 여러 차례 보이셨지만 아브라함은 이러한 하나님의 뜻을 이해하지 못했다. 아브라함의 나이 86세에 그는 이삭을 기다리지 못하고 하나님께 나아가 자신에게 아들이 없으니 자기 집에서 길리운 자인 엘리에셀을 상속자로 삼을 것을 제안하였다(창 15장).

이때 아브라함이 말하는 상속자는 언약을 이어받을 상속자가 아니고 재산의 상속자를 의미한다. 이러한 아브라함의 제안은 그가 하나님의 뜻을 전혀 이해하지 못했음을 보여주고 있는 것이다. 아브라함은 계속 하나님의 깊은 뜻을 이해하지 못하고 인간적인 방법으로 하갈과의 사이에서 이스마엘을 낳았다. 그의 나이 백 세가 되었을 때 하나님께서 아들을 주신다고 하셨을 때에 그는 백세 된 사람이 어찌 아이를 날 수 있겠느냐고 하면서 이스마엘이나 하나님 앞에 살기를 원한다고 하였다. 그러자 하나님께서는 반드시 네 아내 사라가 너에게 아들 이삭을 낳을 것이라고 하시면서 그 이유가 '내가 이삭(그)과 내 언약을 세우리니 그의 후손에 영원한 언약이 될 것'임을 밝히셨다(창 17:19). 하나님께서는 반드시 이삭 앞에서 언약을 맺으실 뜻을 보이셨다.

이삭의 탄생은 아브라함에게는 엄청난 사건이었다. 하나님의 약속이 성취될 수 없는 상황에서 성취되는 것을 보며 아마도 아브라함은 하나님의 마음을 헤아리기 시작하였을 것이다. 한번은 이스마엘이 이삭을 희롱하는 것을 사라가 보았다. 이것을 참지 못한 사라가 하갈과 이스마엘을 모두 내쫓을 것을 아브라함에게 제안하였는데 아브라함이 이 문제를 가지고 하나님께 나아가 물었을 때 하나님의 답은 사라가 이르는 대로 내어쫓으라는 것이었다. 그러면서 그 이유를 말씀하셨는데 그 이유가 "이삭에서 나는 자라야 네 씨라 칭할 것이기 때문"이었다(창 21:12).

아브라함의 나이 115-125세쯤 되었을 때 드디어 하나님께서는 아브라함을 부르셨다. 그리고 100세에 낳은 이삭을 제물로 바치라고 하셨다. 이러한 하나님의 명령은 인간적인 눈으로 보면 이해가 되지 않지만 왜 하나님께서 이삭을 바치라는지 아브라함은 하나님의 마음을 헤아릴 수 있었다. 창세기 22장 5절은 그러한 아브라함의 마음을 잘 보여주고 있다.

사환을 데리고 산으로 가던 아브라함이 사환들을 향하여 이르기를 "너희는 나귀와 함께 여기서 기다리라 내가 아이와 함께 저기 가서 예배하고 우리가 너희에게로 돌아오리라"고 말할 때 아브라함은 이삭과 함께 가서 혼자 돌아오겠다는 것이 아니고 이삭과 함께 돌아오겠다고 말하고 있는 것이다.

히브리서 11장 19절에도 아브라함은 이삭이 살 것을 믿었다고 쓰고 있다. 이러한 사실은 인류 구원에 대한 영원한 언약을 이삭 앞에서 맺고자 하시는 하나님의 마음을 헤아리고 있었던 아브라함의 믿음을 보여주고 있는 것이다. 아브라함은 하나님의 명령에 따라 이삭을 향하여 칼을 들었는데 이로써 아브라함이 하나님께서 주신 시험에 합격하였다. 그리고 하나님께서는 드디어 아브라함에게 인류 구원에 대한 언약을 "네 씨로 말미암아 천하 만민이 복을 받으리니"(창 22:18)라는 말씀으로 주셨다.

(2) '네 씨'는 예수 그리스도이시다

갈 3:16 "이 약속들은 아브라함과 그 자손에게 말씀하신 것인데 여럿을 가리켜 그 자손들이라 하지 아니하시고 오직 한 사람을 가리켜 네 자손이라 하셨으니 곧 그리스도라"

여기에서 '네 씨'는 이삭이 아니고 그리스도이다. 갈라디아서 3장 16절은 "여럿을 가리켜 그 자손들이라 하지 아니하시고 오직 한 사람을 가리켜 네 자손이라 하셨으니 곧 그리스도라"고 '네 씨'가 누구인지 증거하고 있다.

창세기 22장 18절에서 '네 씨'는 아브라함의 많은 자손을 가리키는 것이 아니고 예수 그리스도를, 그리고 복은 구원을 가리킨다. 창세기 22장 18절의 말씀을 풀어쓰면 "예수 그리스도로 말미암아 천하 만민이 구원을 얻으리니"이다. 하나님께서는 어떤 다른 것으로 구원을 약속하지 않으시고, 오직 예수 그리스도로만 약속하셨다. 그렇기 때문에 예수님을 믿어야만 구원을 받을 수 있는 것이다.

(3) 하나님께서는 이 언약을 성취하셨다

행 13:23 "하나님이 약속하신 대로 이 사람의 후손에서 이스라엘을 위하여 구주를 세우셨으니 곧 예수라"

마 1:21 "아들을 낳으리니 이름을 예수라 하라 이는 그가 자기 백성을 그들의 죄에서 구원할 자이심이라 하니라"

하나님께서 예수 그리스도를 세상에 보내신 것은 바로 하나님께서 아브라함과 세우신 언약의 성취이다(행 13:23). 예수라는 이름 자체가 이것을 증거하고 있다. 즉, '예수'는 자기 백성을 자기 죄에서 구원하신다는 의미를 담고 있다(마 1:21).

성경은 오직 예수를 믿어야만 구원을 받는다고 증거하고 있음에도 불구하고 오늘날 종교다원주의는 기독교를 위협하고 있다. 2008년 미국 기독교 교육 TV 방송사에서 실시한 설문조사에서 타 종교에도 구원이 있다고 생각하느냐는 질문에 전체적으로는 70%, 가톨릭교 신자는 79%, 그리고 복음주의자인 개신교 신자들도 59%가 그렇다고 응답하였다고 한다. 이렇게 종교다원주의가 교회로 확산되고 있다.

종교다원주의의 확산은 세계교회협의회(World Council of Churches, WCC)와 무관하지 않다. WCC가 1948년 암스테르담에서 세계교회의 일치와 협동을 위하여 태동하였지만 1960년대에 들어서면서 교회일치운동은 점차 종교통합운동으로 발전하는 모습을 보였다. 1961년 3차 총회부터 타종교와의 대화를 공식적으로 천명하였고, 1968년 4차 총회에서는 타종교와의 대화를 본격적으로 논의하기 시작하였다. 1975년 5차 총회에서는 로마 가톨릭 사제들, 불교도, 힌두교도, 이슬람교도, 유대교도, 시크교도를 초청하면서 타종교를 향한 적극적인 대화를 강조하였다. 1983년 6차 총회에서는 타종교도 하나님께로 가는 또 다른 길임을 인정하였다. 1991년 7차 총회에서는 타종교 교도들 외에도 점술가, 심령술사, 마술사, 무당까지 초청하고 초혼제를 시행함으로써 종교다원주의를 넘어 무속신앙과 기독교를 접목시킨 종교혼합주의의 색채를 드러냈다.

WCC의 웹 사이트에 들어가 보면 타종교와의 대화 속에서 특별히 개종, 중생, 증인과 같은 전통적인 기독교 용어조차도 사용을 금하는 주의사항을 볼 수 있다. 지난 2013년도 WCC 총회 개최 전에 한국기독교총연합회와 WCC는 종교다원주의 반대를 포함한 네 가지 항목에 합의하는 공동성명을 발표하였다가 WCC 측에서 WCC정신에 부합되지 않는다는 이유로 취소하는 일이 있었다. 교회가 예수 그리스도를 통한 구원의 유일성을 보존하지 못하고 타종교와 통합하거나 타종교에도 구원이 있다고 인정하면 기독교는 본질은 잃어버리고 이름만 남아 있는 능력 없는 하나의 세속종교로 전락하고 말 것이다.

그러면 어떻게 해야 구원을 받을 수 있는가?

1) 우리를 구원하시기 위해 예수님을 보내신 하나님을 믿어야 한다

요 5:24 "내가 진실로 진실로 너희에게 이르노니 내 말을 듣고 또 나 보내신 이를 믿는 자는 영생을 얻었고 심판에 이르지 아니하나니 사망에서 생명으로 옮겼느니라"

아무리 하나님께서 죄인을 구원하시기 위해 계획을 세우시

고 예수님을 그리스도로 세상에 보내시어 십자가에서 인류의 죄의 대가를 치르게 하시고 부활하게 하셨다 할지라도 구원의 은혜는 무조건 모든 사람에게 주어지는 것이 아니다. 이 은혜는 믿는 자에게만 주어지는 것이다. 여기에서 믿는다는 것은 곧 인정한다는 뜻이다. 첫째로 하나님께서 준비해 놓으신 은혜를 받기 위해서는 인간은 먼저 구원을 계획하시고 구원을 성취하시기 위해 예수님을 보내 주신 하나님을 믿어야 한다. 예수님 자신도 "나 보내신 이를 믿는 자는 영생을 얻었다"라고 말씀하셨다(요 5:24).

2) 예수님께서 십자가에서 죽으심으로 우리의 죄가 용서받게 됨을 믿어야 한다

마 26:28 "이것은 죄 사함을 얻게 하려고 많은 사람을 위하여 흘리는 바 나의 피 곧 언약의 피니라"

고전 1:18 "십자가의 도가 멸망하는 자들에게는 미련한 것이요 구원을 받는 우리에게는 하나님의 능력이라"

구원받을 자는 십자가에서 흘리신 예수님의 피를 믿어야 한다. 그 피는 우리의 죄 용서함을 얻게 하기 위하여 흘리신 언약의 피이다(마 26:28). 이러한 십자가의 도가 믿지 않고 멸망하는 자들에게는 미련한 것이고, 구원을 얻는 자들에게는 하나님의 능력이다(고전 1:18).

3) 예수님께서 부활하심으로 새로운 생명을 얻게 됨을 믿어야 한다

롬 10:9 "네가 만일 네 입으로 예수를 주로 시인하며 또 하나님께서 그를 죽은 자 가운데서 살리신 것을 네 마음에 믿으면 구원을 받으리라"

예수님의 부활을 믿어야 한다. 죄 없이 하나님의 아들로 세상에 오셔서 십자가에 달리셨다가 부활하신 예수님을 인정해야 한다(롬 10:9). 이와 같이 예수님의 십자가와 부활을 인정하는 것을 "예수를 믿는다" 혹은 "예수님을 구세주로 영접한다"라고 말한다.

4) 예수님을 믿음으로 영접해야 한다

요 1:12 "영접하는 자 곧 그 이름을 믿는 자들에게는 하나님의 자녀가 되는 권세를 주셨으니"

요 6:47 "진실로 진실로 너희에게 이르노니 믿는 자는 영생을 가졌나니"

5) 믿음을 기도로 고백해야 한다

롬 10:10 "사람이 마음으로 믿어 의에 이르고 입으로 시인하여 구원에 이르느니라"

예수님을 믿음으로 영접하는 자에게는 하나님의 자녀가 되는 권세를 주셨다고 약속하셨고(요 1:12), 믿는 자는 영생을 가졌다고 하였다(요 6:47). 이러한 믿음을 마음으로만 인정하는 것이 아니라 구체적으로 고백해야 한다(롬 10:10).

예수님께서 나의 죄를 대속하기 위하여 십자가에서 죽으시고 부활하신 것을 진정 마음으로 믿는다면 예수님을 구세주로 영접하는 기도를 진심으로 직접 소리 내어 하기 바란다.

영접 기도

하나님, 저는 죄인입니다.
예수님이 저의 죄를 대속하시기 위하여
십자가에서 죽으시고 부활하셨음을 믿습니다.
저의 죄를 용서하여 주시고
저에게 영생을 주시기를 원합니다.
지금 저는 제 마음의 문을 열고
예수님을 나의 구세주로 영접합니다.
저를 주님의 자녀로 삼아 주시고
인도해 주시옵소서.
영원히 주님만을 신뢰하며 살겠습니다.
저에게 영생 주신 것을 믿고 감사드리며
예수님의 이름으로 기도합니다. 아멘.

6) 한 번 마음에 들어오신 예수님은 영원히 떠나지 않으신다

롬 8:38-39 "내가 확신하노니 사망이나 생명이나 천사들이나 권세자들이나 현재 일이나 장래 일이나 능력이나 높음이나 깊음이나 다른 어떤 피조물이라도 우리를 우리 주 그리스도 예수 안에 있는 하나님의 사랑에서 끊을 수 없으리라"

한 번 들어오신 예수님은 우리 속에 계시며 영원히 떠나지 않으신다. 죽든지 살든지, 천사들과 그 외에 다른 어떤 영적 존재들에 의해서나, 앞으로 다가올 역경이나 현재 이 땅에서의 고난에 의해서, 높은 천상을 지배하고 있는 세력이나 깊은 음부를 지배하는 세력에 의해서, 그리고 그 외에도 알려지지 않은 다른 어떤 피조물에 의해서도 구원받은 우리를 우리 주 예수 그리스도 안에 있는 하나님의 사랑에서 끊을 수 없다고 하였다(롬 8:38-39).

3부

그러면 그리스도인은
어떻게 살아야 하는가?

그리스도인은 선한 삶을 살아야 한다

1) 그리스도인이 선한 삶을 살아야 하는 이유는 무엇인가?

(1) 선한 삶은 구원의 증거이기 때문이다

엡 2:10 "우리는 그가 만드신 바라 그리스도 예수 안에서 선한 일을 위하여 지으심을 받은 자니 이 일은 하나님이 전에 예비하사 우리로 그 가운데서 행하게 하려 하심이니라"

예수님을 영접하여 구원받은 그리스도인은 반드시 선한 삶을 살아야 한다. 첫 번째 이유는 선한 삶은 구원의 증거이기 때문이다. 성도가 구원을 받았다고 하면서 선하게 살지 않고 자기 마음대로 불신자처럼 살면 그것은 구원받은 증거라고 할 수 없다. 에베소서 2장 10절은 우리는 그리스도 안에서 선한 일을 위하여 지음 곧 구원받았음을 말하고 있다. 하나님께서 우리를 만드시고 구원하신 것은 우리로 선한 일 가운데 행하게 하기 위해서 계획하신 것이다.

(2) 선한 삶을 살아야 구원을 지킬 수 있기 때문이다

약 2:14 "내 형제들아 만일 사람이 믿음이 있노라 하고 행함이 없으면 무슨 유익이 있으리요 그 믿음이 능히 자기를 구원하겠느냐"

약 2:17 "이와 같이 행함이 없는 믿음은 그 자체가 죽은 것이라"

그리스도인이 선한 삶을 살아야 하는 두 번째 이유는 구원을 지키기 위해서이다. 구원은 믿음으로만 받지만 구원 후에는 구원의 결과로 반드시 행함이 따라야 한다. 행함은 구원의 조건은 아니지만 행함이 없는 믿음은 자기를 구원할 수 없고(약 2:14), 그 자체가 죽은 것이다(약 2:17).

2) 그리스도인은 성령의 인도를 받아야 선한 삶을 살 수 있다. 성령은 누구이신가?

(1) 그리스도의 영이시다

롬 8:9 "만일 너희 속에 하나님의 영이 거하시면 너희가 육신에 있지 아니하고 영에 있나니 누구든지 그리스도의 영이 없으면 그리스도의 사람이 아니라"

그리스도인은 성령의 인도를 받아야만 선한 삶을 살 수 있다. 인간의 지혜와 능력으로는 선한 삶을 살 수 없다. 하나님의 영(성령)이 우리 속에 거하시면 우리가 육신의 욕심에 따라 살지 아니하고 성령의 인도하심을 받아 하나님의 뜻에 따라 살 수 있다. 그리스도인에게 그리스도의 영(성령)이 없으면 진정한 그리스도인이 될 수 없다(롬 8:9).

(2) 보혜사 곧 진리의 영이시다

> **요 14:16-17** "내가 아버지께 구하겠으니 그가 또 다른 보혜사를 너희에게 주사 영원토록 너희와 함께 있게 하리니 그는 진리의 영이라 세상은 능히 그를 받지 못하나니 이는 그를 보지도 못하고 알지도 못함이라 그러나 너희는 그를 아나니 그는 너희와 함께 거하심이요 또 너희 속에 계시겠음이라"

> **요 15:26** "내가 아버지께로부터 너희에게 보낼 보혜사 곧 아버지께로부터 나오시는 진리의 성령이 오실 때에 그가 나를 증언하실 것이요"

'보혜사'란 '위로자'라는 뜻이다. 인간에게 가장 큰 위로는 공허한 마음을 채우는 것이다. 인간은 공허한 마음을 채우기 위하여 여러 가지 방법으로 노력한다. 술도 마셔보고, 학문에 몰두해 보기도 하고, 돈도 벌어보고, 종교를 가져보기도 한다. 이러한 방법으로는 잠시 채워지는 것 같지만 결국은 채워지지 않는다.

공허한 마음은 진리로 채워질 때에만 진정한 위로를 받는다. 진리를 증거해 주실 분은 오로지 진리의 영이신 성령뿐이다. 성령은 보혜사 곧 진리의 영이시다(요 14:16-17, 15:26).

2) 성령은 어떤 일을 하시는가?

(1) 거듭나게 하신다(요 3:5)

요 3:5 "예수께서 대답하시되 진실로 진실로 네게 이르노니 사람이 물과 성령으로 나지 아니하면 하나님의 나라에 들어갈 수 없느니라"

성령은 사람을 거듭나게 하신다. '거듭난다'는 '위로부터 난다'(born from the above)는 뜻이다. 즉, 거듭남이란 하나님으로부터 난다는 뜻인데 사람이 물로 씻듯이 죄 사함 받고 성령의 역사로 예수님을 믿어 새 사람으로 다시 태어나는 것을 의미한다. 사람이 거듭나면 영적으로 잠자고 있던 영성이 깨어남으로 전혀 보이지 않던 영적 세계가 보이기 시작한다. 그 결과 보고 들으며 생각하는 것이 달라지고, 세계관이 달라진다. 예수님께서는 밤에 찾아온 니고데모에게 사람이 거듭나지 않고는 하나님 나라에 들어갈 수 없다고 가르치셨다(요 3:5).

(2) 예수님이 그리스도이며 하나님의 아들이심을 증거하시다

> **마 16:16-17** "시몬 베드로가 대답하여 이르되 주는 그리스도시요 살아 계신 하나님의 아들이시니이다 예수께서 대답하여 이르시되 바요나 시몬아 네가 복이 있도다 이를 네게 알게 한 이는 혈육이 아니요 하늘에 계신 내 아버지시니라"

사람이 성령으로 거듭날 때 비로소 예수님이 그리스도이시

고, 하나님의 아들이심(마 16:16-17)을 깨닫게 된다(고전 12:3). 예수님께서 제자들과 함께 계시면서 가장 먼저 이루어지기를 기다렸던 것은 제자들에게 예수님이 그리스도이시고 하나님의 아들이심을 깨우쳐 주는 일이었다. 이것을 위하여 예수님께서는 많은 표적과 이적을 보여주셨지만 제자들의 영적 눈이 열리기까지는 꽤 오랜 시간이 걸렸다.

예수님께서 제자들에게 "너희는 나를 누구라고 하느냐?"라고 물으셨을 때 처음으로 베드로가 "주는 그리스도시요 살아계신 하나님의 아들이시니이다"라고 대답하였다. 예수님께서는 베드로의 대답에 기뻐하시면서 "이를 네게 알게 한 이는 혈육이 아니요 하늘에 계신 내 아버지시니라"고 하셨다. 즉, 이것은 자신의 힘으로 깨달은 것이 아니고 성령님의 역사로 깨닫게 된 것이라는 뜻이다.

(3) 예수님이 주님이심을 증거하시다

고전 12:3 "그러므로 내가 너희에게 알리노니 하나님의 영으로 말하는 자는 누구든지 예수를 저주할 자라 하지 아니하고 또 성령으로 아니하고는 누구든지 예수를 주시라 할 수 없느니라"

예수를 거부하는 유대인이나 거짓 교사들은 예수님을 향해 예수를 저주할 자라고 부정적인 말을 할 수 있지만, 성령으로 거듭나서 성령의 감동을 받고 말하는 사람이라면 당연히 예수님을 주님이시라고 고백한다(고전 12:3).

(4) 성도가 하나님의 자녀임을 증언하신다

롬 8:16 "성령이 친히 우리의 영과 더불어 우리가 하나님의 자녀인 것을 증언하시나니"

성령님은 우리가 하나님의 자녀인 것을 증언하신다(롬 8:16). 이러한 확신은 사람의 의지나 생각으로는 할 수 없다. 하나님의 자녀라는 자부심을 가지고 있을 때 우리는 하나님께 마음을 향하고 살 수 있다.

(ㄷ) 다양한 은사를 주신다

고전 12:4-7 "은사는 여러 가지나 성령은 같고 직분은 여러 가지나 주는 같으며 또 사역은 여러 가지나 모든 것을 모든 사람 가운데서 이루시는 하나님은 같으니 각 사람에게 성령을 나타내심은 유익하게 하려 하심이라"

성령님께서는 하나님의 일을 할 수 있도록 성도에게 적합한 은사를 주신다. 은사란 하나님께서 그의 자녀에게만 주시는 영적 재능을 말한다. 성령은 한 분이시지만 은사와 직분은 성도에 따라 다르다(고전 12:4-7).

(ㅂ) 권능을 주신다

행 1:8 "오직 성령이 너희에게 임하시면 너희가 권능을 받고 예루살렘과 온 유대와 사마리아와 땅 끝까지 이르러 내 증인이 되리라 하시니라"

또 성령이 임하시면 성도는 권능을 받게 된다. 권능이란 하나님의 능력을 말한다. 성도가 권능을 받으면 담대히 예수님이 그리스도이심을 증거하는 증인이 된다(행 1:8).

(7) 열매를 맺게 하시다

> **갈 5:22-23** "오직 성령의 열매는 사랑과 희락과 화평과 오래 참음과 자비와 양선과 충성과 온유와 절제니 이같은 것을 금지할 법이 없느니라"

성도가 성령의 인도를 받으면 성령의 열매를 맺는다. 특별히 갈라디아서 5장 22-23절에 기록된 아홉 가지 열매는 인격적으로 예수 그리스도를 닮아가는 모습을 보여주는 것이다. 이러한 내적 열매가 맺어질 때 하나님을 증거하는 외적 열매도 함께 맺어진다.

(8) 분별력을 주신다

고전 2:13-14 "우리가 이것을 말하거니와 사람의 지혜가 가르친 말로 아니하고 오직 성령께서 가르치신 것으로 하니 영적인 일은 영적인 것으로 분별하느니라 육에 속한 사람은 하나님의 성령의 일들을 받지 아니하나니 이는 그것들이 그에게는 어리석게 보임이요, 또 그는 그것들을 알 수도 없나니 그러한 일은 영적으로 분별되기 때문이라"

고린도전서 2장 13절에서 '이것'이란 하나님께서 인간에게 값없이 주신 것, 곧 예수 그리스도를 통하여 사람들이 단번에 구원을 얻을 수 있는 것을 의미한다. 바울은 이것을 말할 때 사람의 지혜가 가르친 말로 하지 아니하고 성령께서 가르치신 말로 한다고 하였다. 성경이 성령의 감동으로 쓰여진 것처럼 성경 말씀 속에 있는 영적인 진리도 성령의 감동으로만 분별할 수 있다.

육에 속한 사람이란 교회 밖에 있는 불신자를 말하는데, 그는 영적인 일들을 알 수도 없고 받아들이지도 않는다. 영적인 일은 영적으로만 분별되고 육에 속한 자에게는 영적 분별력이 없기 때문에 그에게는 어리석게만 보인다. 성도는 하나님의 일을 하기 위해서는 성령의 인도함을 따르며 영적 분별력을 보존해야 한다.

(1) 가르치시고 생각나게 하신다

> 요 14:26 "보혜사 곧 아버지께서 내 이름으로 보내실 성령 그가 너희에게 모든 것을 가르치고 내가 너희에게 말한 모든 것을 생각나게 하리라"

성령님은 성도를 가르치시고 생각나게 하신다(요 14:26). 그러나 성도는 생각이 떠오를 때 그 생각이 자기의 욕심에서 나온 것인지 혹은 성령님이 가르치시고 생각나게 하신 것인지 분별하는 것이 중요하다. 이를 위해서는 기도해야 한다.

(10) 성도를 위하여 간구하신다

롬 8:26-27 "이와 같이 성령도 우리의 연약함을 도우시나니 우리는 마땅히 기도할 바를 알지 못하나 오직 성령이 말할 수 없는 탄식으로 우리를 위하여 친히 간구하시느니라 마음을 살피시는 이가 성령의 생각을 아시나니 이는 성령이 하나님의 뜻대로 성도를 위하여 간구하심이니라"

성령님은 우리의 연약함을 도우신다. 우리가 연약하여 기도할 바를 알지 못하고 자기의 뜻대로 구하지만 성령님은 말할 수 없는 탄식으로 우리를 위하여 하나님의 뜻대로 간구하신다 (롬 8:26-27).

3) 왜 성령을 받아야 하는가?

(1) 성령의 인도를 받아야만 우리의 삶 속에서 그리스도의 성품을 드러낼 수 있기 때문이다

갈 5:17 "육체의 소욕은 성령을 거스르고 성령은 육체를 거스르나니 이 둘이 서로 대적함으로 너희가 원하는 것을 하지 못하게 하려 함이니라"

엡 5:18 "술 취하지 말라 이는 방탕한 것이니 오직 성령으로 충만함을 받으라"

육체란 불신자를 말하는 것이 아니고 타락한 아담으로부터 물려받은 죄성 때문에 악한 소욕을 버리지 못하는 그리스도인을 말한다. 이러한 그리스도인은 이름은 가지고 있지만 성령의 인도함을 받지 아니하고 자기 욕심에 따라 살기 때문에 그리스도인으로서의 삶에 실패할 수밖에 없다(갈 5:17). 특별히 에베소서 5장 18절에 술에 취하는 것과 성령에 취하는 것을 대조시킨 데에는 중요한 의미가 있다. 성도가 술에 취하면 방탕하게 된다. 방탕이란 자기의 욕심을 다스릴 수 없어 무절제하기 때문에 분별력을 잃는 것을 의미한다. 성도는 성령의 충만함을 받아야만 삶 속에서 그리스도의 성품을 드러낼 수 있다.

(2) 은사를 받아야만 하나님의 일을 할 수 있기 때문이다

고전 12:11 "이 모든 일은 같은 한 성령이 행하사 그의 뜻대로 각 사람에게 나누어 주시는 것이니라"

벧전 4:10 "각각 은사를 받은 대로 하나님의 여러 가지 은혜를 맡은 선한 청지기같이 서로 봉사하라"

성령은 한 분이시지만 각 사람에 따라 나누어 주시는 은사(이 모든 일)는 다르다(고전 12:11). 성도는 성령으로부터 받은 은사대로 선한 청지기같이 하나님의 일을 하는 것이다(벧전 4:10).

(3) 권능을 받아야만 복음을 전할 수 있기 때문이다

행 1:8 "오직 성령이 너희에게 임하시면 너희가 권능을 받고 예루살렘과 온 유대와 사마리아와 땅 끝까지 이르러 내 증인이 되리라 하시니라"

행 4:31 "빌기를 다하매 모인 곳이 진동하더니 무리가 다 성령이 충만하여 담대히 하나님의 말씀을 전하니라"

성도가 복음을 증거하고 전파하기 위해서는 성령을 받아야만 한다. 성령이 임하시면 권능을 받는다. 권능을 받아야만 담대한 증인이 될 수 있다. 인간의 논리나 철학으로 복음을 전하는 것이 아니다. 복음이 사람의 입을 통하여 전해지지만 역사는 성령으로 인하여 일어난다. 초대교회 시대에 박해를 당하던 성도들이 모여서 기도할 때 모인 곳이 진동하였다. 그리고 그들은 성령이 충만하여 담대하게 하나님의 말씀을 전할 수 있었다(행 4:31).

4) 어떻게 성령을 받는가?

(1) 간구해야 한다

눅 11:9-13 "내가 또 너희에게 이르노니 구하라 그러면 너희에게 주실 것이요 찾으라 그러면 찾아낼 것이요 문을 두드리라 그러면 너희에게 열릴 것이니 구하는 이 마다 받을 것이요 찾는 이는 찾아낼 것이요 두드리는 이에게는 열릴 것이니라 너희 중에 아버지 된 자로서 누가 아들이 생선을 달라 하는데 생선 대신에 뱀을 주며 알을 달라 하는데 전갈을 주겠느냐 너희가 악할지라도 좋은 것을 자식에게 줄 줄 알거든 하물며 너희 하늘 아버지께서 구하는 자에게 성령을 주시지 않겠느냐 하시니라"

행 2:1-4 "오순절 날이 이미 이르매 그들이 다같이 한 곳에 모였더니 홀연히 하늘로부터 급하고 강한 바람 같은 소리가 있어 그들이 앉은 온 집에 가득하며 마치 불의 혀처럼 갈라지는 것들이 그들에게 보여 각 사람 위에 하나씩 임하여 있더니 그들이 다 성령의 충만함을 받고 성령이 말하게 하심을 따라 다른 언어들로 말하기를 시작하니라"

누가복음 11장 9-13절에서 "구하면 주실 것이요, 찾으면 찾을 것이요, 두드리면 열릴 것이라"는 약속의 말씀을 주셨다. 이 말씀은 사람이 욕심에 따라 자기가 원하는 것을 마음대로 구하고, 찾고, 두드리라는 것이 아니고 성령을 간구하라는 것이다. 성도가 성령을 간구할 때 하나님께서는 반드시 성령을 주신다고 하셨다.

사도행전 2장 1-4절은 오순절에 사도들과 성도들이 다 같이 한 자리에 모여 열심히 기도할 때 모두가 성령을 충만히 받았던 모습을 보여주고 있다. 성령이 임할 때 신도들은 급하고 강한 바람과 같은 소리를 들었고, 불이 혀처럼 갈라지는 것을 보았으며, 다른 언어 곧 방언으로 말하였다. 이와 같이 성도가 성령을 받기 위해서는 먼저 간절히 간구해야 한다.

(2) 회개해야 한다

행 2:38 "베드로가 이르되 너희가 회개하여 각각 예수 그리스도의 이름으로 세례를 받고 죄 사함을 받으라 그리하면 성령의 선물을 받으리니"

베드로 사도가 유대인과 예루살렘 거민을 향하여 예수 그리스도의 죽으심과 부활을 증거하는 설교를 했을 때 찔림을 받고 회심한 사람들이 있었다. 그들이 베드로와 다른 사도들에게 나아와 "우리가 어찌할꼬?"라고 물었을 때 베드로가 그들에게 한 말이 사도행전 2장 38절 말씀이다. "너희가 회개하여 각각 예수 그리스도의 이름으로 세례를 받고 죄 사함을 받으라 그리하면 성령의 선물을 받으리라"고 하였다. 성령을 받기 위해서는 먼저 회개하라고 하였다.

5) 성령의 인도함을 받는 삶의 내용은 무엇인가?

(1) 성경: 성경을 배워 말씀대로 산다
(2) 기도: 기도하는 삶을 산다
(3) 교제: 하나님과의 교제, 그리고 성도와의 교제를 가진다
(4) 사역: 하나님의 일을 한다
(5) 복음 전파: 복음을 전파한다

성령의 인도함을 받는 성도가 하는 온전한 신앙생활은 성경, 기도, 교제, 사역, 복음 전파를 모두 다 하는 것이다. 자신

의 입장과 형편에 따라서 이들 중 자기가 하고 싶은 것만 선택해서 하는 것이 아니다. 말씀, 기도, 교제, 사역, 복음 전파를 나누어서 말하지만 그리스도인의 삶 속에서는 이 모두가 하나로 연결되어야 한다.

성경을 배워 말씀대로 산다

1) 성경은 어떤 책인가?

(1) 성경은 하나님의 말씀이다

히 4:12 "하나님의 말씀은 살아 있고 활력이 있어 좌우에 날선 어떤 검보다도 예리하여 혼과 영과 및 관절과 골수를 찔러 쪼개기까지 하며 또 마음의 생각과 뜻을 판단하나니"

성령의 인도하심을 받는 그리스도인의 삶은 성경을 하나님의 말씀으로 인정하고 말씀을 배워 말씀대로 사는 것이다. 그러나 어떤 사람은 성경을 이스라엘의 역사책이라고 하고 또 어떤 사람은 윤리, 철학 혹은 문학에 관한 책이라고 한다. 물론 성경에는 이스라엘의 역사가 있고 윤리, 철학, 문학이 있다. 그러나 성경을 그렇게만 이해한다면 그것은 성경의 본질을 이해하지 못하는 것이다.

성경은 하나님의 말씀이다. 히브리서 4장 12절에 나온 '말씀'은 헬라어로 '로고스'라는 뜻이다. 로고스는 '말하다', '계산하다', '생각하다'의 뜻을 갖고 있는 동사 '레고'에서 파생된 말인데, 인간이 이해할 수 있도록 표현된 하나님의 마음과 생각이다. 즉, 로고스는 하나님이 하신 모든 말씀 특히 그리스도께서 하신 모든 말씀을 가리킨다.

(2) 성경은 진리의 말씀이다

요 17:17 "그들을 진리로 거룩하게 하옵소서 아버지의 말씀은 진리니이다"

눅 21:33 "천지는 없어지겠으나 내 말은 없어지지 아니하리라"

요한복음 17장 17절은 십자가의 고난을 당하시기 전에 예수님께서 제자들에게 말씀을 주시고 제자들을 위해서 하신 기도 속에 나오는 말씀이다. 하나님의 말씀은 진리이다. 진리는 인간을 죄로부터 구원하며 성도를 악으로부터 분리하여 거룩하게 할 수 있는 능력을 가지고 있는 말씀이다. 하나님의 말씀은 천지가 없어질지라도 일점일획이라도 없어지지 않는 진리이다(눅 21:33).

2) 성경은 누가 누구에 대하여 쓴 책인가?

(1) 성경은 하나님(성령)의 감동으로 쓰인 책이다

딤후 3:16 "모든 성경은 하나님의 감동으로 된 것으로 교훈과 책망과 바르게 함과 의로 교육하기에 유익하니"

벧후 1:21 "예언은 언제든지 사람의 뜻으로 낸 것이 아니요 오직 성령의 감동하심을 받은 사람들이 하나님께 받아 말한 것임이라"

성경은 1600년 동안 40명의 저자가 시대와 장소를 달리하며 쓴 글을 모아 놓은 책이다. 여러 사람이 긴 세월을 두고 썼기 때문에 주제의 흐름에 변화가 있을 수도 있고 앞뒤가 맞지 않을 수도 있다. 그러나 처음부터 끝까지 성경 속 주제의 일관성은 놀라울 정도이다. 표면적으로는 성경의 저자가 사람이지만 성경말씀은 사람의 뜻으로 낸 것이 아니고 시대와 공간을 초월하여 성령의 감동하심을 받은 사람들이 하나님으로부터 받아 쓴 말씀이다(딤후 3:16; 벧후 1:21). 성경의 저자는 하나님 자신이시다.

(2) 성경은 예수 그리스도에 대하여 쓴 책이다

요 5:39 "너희가 성경에서 영생을 얻는 줄 생각하고 성경을 연구하거니와 이 성경이 곧 내게 대하여 증언하는 것이니라"

눅 24:27 "이에 모세와 모든 선지자의 글로 시작하여 모든 성경에 쓴 바 자기에 관한 것을 자세히 설명하시니라"

요한복음 5장 39절은 특별히 성경에서 영생을 얻는 줄 생각하면서도 그리스도를 거부하는 유대인에게 예수님께서 하신 말씀이다. 성경은 구약과 신약을 막론하고 모두 예수 그리스도에 대하여 증거하고 있다. 성경의 주제는 영생, 즉 구원이며 성경의 주인공은 영생의 근본이신 예수 그리스도이시다(요 5:39; 눅 24:27).

3) 하나님께서 성경을 주신 목적은 무엇인가?

(1) 예수님이 그리스도임을 믿어 구원에 이르게 하기 위하여

행 18:28 "이는 성경으로써 예수는 그리스도라고 증언

하여 공중 앞에서 힘있게 유대인의 말을 이김이러라"

요 20:31 "오직 이것을 기록함은 너희로 예수께서 하나님의 아들 그리스도이심을 믿게 하려 함이요 또 너희로 믿고 그 이름을 힘입어 생명을 얻게 하려 함이니라"

딤후 3:15 "또 어려서부터 성경을 알았나니 성경은 능히 너로 하여금 그리스도 예수 안에 있는 믿음으로 말미암아 구원에 이르는 지혜가 있게 하느니라"

아볼로는 구약성경은 예수가 그리스도임을 증언하고 있다고 역설함으로써 유대인을 논박하여 이겼다(행 18:28). 요한은 요한복음을 쓴 목적이 우리들로 하여금 예수님이 하나님의 아들 그리스도이심을 믿게 하여 생명을 얻게 하려는 데 있다고 하였다(요 20:31). 바울은 디모데에게 편지하면서 성경은 그리스도 예수 안에 있는 믿음을 통하여 구원으로 인도하는 지혜를 얻을 수 있음을 말하고 있다(딤후 3:15). 이와 같이 하나님께서 성경을 주신 목적은 인간들로 하여금 예수님이 그리스도임을 믿음으로써 생명을 얻어 구원에 이르게 하려는 데 있다.

(2) 하나님의 사람으로 온전케 하기 위하여

딤후 3:17 "이는 하나님의 사람으로 온전하게 하며 모든 선한 일을 행할 능력을 갖추게 하려 함이라"

또 우리에게 성경을 주신 목적은 성도들을 하나님의 사람으로 온전케 함으로써 선한 일을 할 수 있는 능력을 갖추게 하려는 것이다. 이 말씀에서 '온전하게 한다'의 의미는 '구비시키고 준비시킨다'는 뜻이다. 누구나 예수를 믿어 성도가 되었다고 하여 하나님의 선한 일을 할 수 있을 만큼 준비되어 있는 것은 아니다. 성경은 성도를 온전케 함으로써 선한 일을 행하기에 부족함이 없게 하려는 것이다(딤후 3:17).

(3) 인간의 마음의 생각과 뜻을 판단하기 위하여

히 4:12 "하나님의 말씀은 살아 있고 활력이 있어 좌우에 날선 어떤 검보다도 예리하여 혼과 영과 및 관절과 골수를 찔러 쪼개기까지 하며 또 마음의 생각과 뜻을 판단하나니"

또 성경을 주신 목적은 자신의 마음의 생각과 뜻을 판단하기 위해서이다. 하나님의 말씀은 생명력과 운동력이 있고 날선 검보다도 예리하기 때문에 갈라놓을 수 없는 혼과 영을 갈라놓고, 쪼갤 수 없는 관절과 골수를 찔러 쪼갤 수 있는 능력을 가지고 있다. 그래서 말씀은 인간의 내면 깊은 곳에 있는 마음의 생각과 의도까지도 판단(꿰뚫어 봄)할 수 있다(히 4:12). 거울과 같은 말씀에 자신을 비추어 보면서 깊은 곳에 있는 것까지도 드러냄으로써 신앙적인 인격을 다듬는다는 뜻이다.

(4) 악한 자(사탄)를 물리치기 위하여

엡 6:16-17 "모든 것 위에 믿음의 방패를 가지고 이로써 능히 악한 자의 모든 불화살을 소멸하고 구원의 투구와 성령의 검 곧 하나님의 말씀을 가지라"

또 성경을 주신 목적은 사탄과의 영적 싸움에서 성도로 하여금 승리하게 하기 위해서이다(엡 6:16-17). 사탄과의 싸움에서 가장 능력 있는 성도의 무기는 성령의 검 곧 하나님의 말씀이다. 말씀이 있어야만 우리를 넘어뜨리려고 쏘아대는 불화살을 분별할 수 있다.

오늘날 세속주의가 교회 속으로 물밀듯이 들어오고 있는 현실을 우리 그리스도인들은 직시할 수 있어야 한다. 물질론, 진화론, 종교다원주의, 상대주의적 가치관, 동성애는 물론 기복주의, 실적주의, 기업경영철학 등 이루 말할 수 없이 많은 불화살이 우리를 공격하고 있음을 잊어서는 안 된다.

4) 그리스도인은 성경을 어떠한 자세로 받아야 하는가?

(1) 하나님의 말씀으로 받는다

살전 2:13 "이러므로 우리가 하나님께 끊임없이 감사함은 너희가 우리에게 들은 바 하나님의 말씀을 받을 때에 사람의 말로 받지 아니하고 하나님의 말씀으로 받음이니 진실로 그러하도다 이 말씀이 또한 너희 믿는 자 가운데에서 역사하느니라"

성경에 대한 그리스도인의 중요한 자세는 무엇보다도 성경을 사람의 말로 받지 아니하고 하나님의 말씀으로 받는 것이다. 데살로니가전서 2장 13절은 사도들이 전한 말씀을 하나님의 말씀으로 받아들임으로 데살로니가 교인들에게 나타난 획기적인 변화와 역사에 대한 바울의 감사와 확신의 표현이다. 하나님의 말씀은 성경을 하나님의 말씀으로 믿는 자에게만 역사한다.

(2) 사모함으로 받는다

> 벧전 2:2 "갓난 아기들같이 순전하고 신령한 젖을 사모하라 이는 그로 말미암아 너희로 구원에 이르도록 자라게 하려 함이라"

믿는 자는 그 말씀의 능력과 신실성을 알기 때문에 갓난아

이가 젖을 사모하듯이 말씀을 사모한다(벧전 2:2). 여기에서 "너희로 구원에 이르도록 자라게 하려 한다"는 말씀은 구원받은 성도가 구원을 완성하려면 말씀에 의지하여 영적으로 더 성숙해야 함을 말한다.

(3) 말씀을 순종하여 지킨다

> **약 1:22-25** "너희는 말씀을 행하는 자가 되고 듣기만 하여 자신을 속이는 자가 되지 말라 누구든지 말씀을 듣고 행하지 아니하면 그는 거울로 자기의 생긴 얼굴을 보는 사람과 같아서 제 자신을 보고 가서 그 모습이 어떠했는지를 곧 잊어버리거니와 자유롭게 하는 온전한 율법을 들여다보고 있는 자는 듣고 잊어버리는 자가 아니요 실천하는 자니 이 사람은 그 행하는 일에 복을 받으리라"

성도는 말씀을 듣기만 하고 행하지 않는 자가 아니라 행하는 자가 되어야 한다. 즉, 말씀을 순종하여 지켜야 한다. 야고

보는 말씀을 듣고 행하지 않는 자를 거울로 자기의 생긴 얼굴을 보고 가서 자신의 모습을 잊어버리는 자와 같다고 하였다 (약 1:22-25). 이러한 자는 자신을 속이는 자이다. 그러나 온전한 율법을 들여다보고 있는 자, 곧 말씀에 자신의 모습을 비추어 보면서 자신의 허물과 죄를 보고 깨닫는 자는 말씀으로 인하여 자유로워질 수 있고 말씀을 잊어버리지 않고 실천하는 자가 된다. 그러한 사람은 그 행하는 일에 복을 받는다고 약속해 주셨다.

(4) 자녀에게 가르친다

> **신 11:19** "또 그것을 너희의 자녀에게 가르치며 집에 앉아 있을 때에든지, 길을 갈 때에든지, 누워 있을 때에든지, 일어날 때에든지 이 말씀을 강론하고"

> **엡 6:4** "또 아비들아 너희 자녀를 노엽게 하지 말고 오직 주의 교훈과 훈계로 양육하라"

하나님께서는 말씀을 자녀들에게 가르칠 것을 명하신다. 어려서부터 자녀들에게 말씀을 가르침으로써 그들이 사는 날 동안 하나님을 경외함을 배우게 해야 한다. 이스라엘 백성들이 가나안 땅으로 들어가기 전 가나안 땅으로 들어갈 수 없는 모세가 120세에 이스라엘 백성에게 주는 고별 메시지에서 자녀들에게 말씀을 잘 가르칠 것을 간곡하게 당부하였다. 어떠한 상황에서라도 말씀(그것)을 자녀에게 가르치라고 하였다. 세상 경험을 통하여 터득한 철학과 가치관을 앞세우지 말고 하나님의 말씀에 따라 자녀들을 교훈과 훈계로 양육하라고 하였다 (엡 6:4). 여기에서 교훈이란 자녀가 잘하는 것을 더 잘할 수 있도록 격려하고 훈련시키는 것, 그리고 훈계는 자녀가 잘못하는 것을 바로잡는 것을 의미한다. 부모가 자녀들에게 말씀을 가르치고 말씀에 따라 사는 모습을 보일 때 자녀들은 바르게 세워진다.

5) 성경을 어떻게 배워야 하는가?

성경말씀을 배우는 목적은 말씀 속에 담겨 있는 하나님의 마음과 생각을 알기 위해서이다. 따라서 말씀을 보는 관점이 무엇보다도 중요하다. 말씀을 자기의 입장에서 자기의 경험을 토대로 보아서는 안 된다. 신학자는 신학적인 관점에서, 과학자는 과학적인 관점에서, 그리고 인문학자는 인문학적 관점에서 이해하려고 한다면 하나님의 뜻을 깨닫기가 대단히 어렵다. 이러한 관점들이 도움이 될 수 있을지는 몰라도 말씀 속에 담긴 하나님의 마음과 생각을 알아내는 데에는 부족하다. 성경이 성령의 감동으로 쓰여진 것처럼 말씀도 성령의 감동으로 읽고 배워야 한다.

(1) 듣기

롬 10:17 "그러므로 믿음은 들음에서 나며 들음은 그리스도의 말씀으로 말미암았느니라"

눅 8:15 "좋은 땅에 있다는 것은 착하고 좋은 마음으로 말씀을 듣고 지키어 인내로 결실하는 자니라"

성도는 다섯 단계의 과정을 통해서 성경 말씀을 배운다. 첫째는 잘 듣는 것이다. 믿음은 그리스도의 말씀을 듣는 들음에서 난다고 하였다(롬 10:17). 말씀을 들을 때 마음 바탕이 중요하다. 좋은 땅에 씨를 뿌리는 것같이 착하고 좋은 마음이 있어야 말씀을 잘 받게 된다(눅 8:15).

(2) 읽기

계 1:3 "이 예언의 말씀을 읽는 자와 듣는 자와 그 가운데에 기록한 것을 지키는 자는 복이 있나니 때가 가까움이라"

둘째는 읽는 것이다. 성경은 다른 책과 달라서 한 번 듣고 읽는다고 쉽게 깨달아지는 책이 아니다. 반복해서 읽으면서 말씀의 깊은 뜻을 깨달으려고 노력해야 한다. 읽기 전에 기도로 성령님의 도움을 구하는 것이 필요하다.

(3) 연구

행 17:11 "베뢰아에 있는 사람들은 데살로니가에 있는 사람들보다 더 너그러워서 간절한 마음으로 말씀을 받고 이것이 그러한가 하여 날마다 성경을 상고하므로"

딤후 2:15 "너는 진리의 말씀을 옳게 분별하며 부끄러울 것이 없는 일꾼으로 인정된 자로 자신을 하나님 앞에 드리기를 힘쓰라"

셋째는 베뢰아 사람들처럼 성경을 상고, 즉 연구하는 것이다(행 17:11). 성도들은 성경 말씀을 폭넓게 그리고 깊게 배워 진리의 말씀을 옳게 분별하는 데까지 도달하도록 노력해야 한다. 말씀을 옳게 분별한다는 뜻은 자기의 의도나 자기가 처한 상황 때문에 말씀의 의미를 왜곡하거나 변질시키지 않고 성경이 증거하는 말씀의 의미를 바로 깨우치는 것을 의미한다. 하나님의 일꾼이 되기 위해서는 먼저 말씀에 대한 정확한 이해가 필요하다(딤후 2:15). 그래야만 하나님 앞에서 부끄러울 것이 없는 일꾼으로 세워질 수 있다.

(4) 암송

신 11:18 "이러므로 너희는 나의 이 말을 너희의 마음과 뜻에 두고 또 그것을 너희의 손목에 매어 기호를 삼고 너희 미간에 붙여 표를 삼으며"

시 119:11 "내가 주께 범죄하지 아니하려 하여 주의 말씀을 내 마음에 두었나이다"

마 4:4 "예수께서 대답하여 이르시되 기록되었으되 사람이 떡으로만 살 것이 아니요 하나님의 입으로부터 나오는 모든 말씀으로 살 것이라 하였느니라 하시니"

넷째는 말씀을 암송하는 것이다. 모세는 이스라엘 백성들에게 그것(말씀)을 손목에 매고 이마에 붙일 정도로 말씀을 몸에 담고 살아갈 것을 당부하였다(신 11:18). 하나님을 사랑하고 말씀에 순종하기 위해서는 이러한 노력이 필요하다. 다윗은 범죄하지 않기 위하여 말씀을 마음에 두었다고 하였다(시 119:11). 예수님께서도 마귀로부터 시험 당할 때 "사람이 떡으로만 살 것이 아니요 하나님의 입으로부터 나오는 모든 말씀으로 살 것이라"는 말씀으로 마귀를 물리치셨는데, 이 말씀은 신명기 8장 3절의 말씀을 인용하신 것이다(마 4:4). 말씀을 암송하면 삶 속에서 그 말씀을 늘 묵상하며 하나님과 교제하는 가운데 그 말씀대로 살아가도록 노력하게 된다.

(ㄷ) 묵상

시 1:1-2 "복 있는 사람은 악인들의 꾀를 따르지 아니하며 죄인들의 길에 서지 아니하며 오만한 자들의 자리에 앉지 아니하고 오직 여호와의 율법을 즐거워하여 그의 율법을 주야로 묵상하는도다"

수 1:8 "이 율법책을 네 입에서 떠나지 말게 하며 주야로 그것을 묵상하여 그 안에 기록된 대로 다 지켜 행하라 그리하면 네 길이 평탄하게 될 것이며 네가 형통하리라"

다섯째는 묵상하는 것이다. 묵상은 성경이 증거하는 말씀의 의미, 즉 하나님의 마음을 헤아리며 그 말씀을 삶에 적용하기 위하여 마음으로 되새기는 것을 말한다. 시편 기자는 복 있는 자는 말씀을 묵상하는 자라고 고백하였고(시 1:1-2) 하나님께서 여호수아를 이스라엘의 지도자로 세우시면서 '말씀(율법)을 묵상하여 지켜 행하면 네 길이 평탄하게 될 것'이라고 하셨다(수 1:8).

이와 같이 말씀은 귀로 듣고 눈과 입으로 읽고 머리로 연구하고 암송하고 가슴으로 묵상함으로 말씀 속에 담겨진 하나님의 마음과 깊은 뜻을 헤아리는 것이다. 그러나 말씀은 가슴에까지 와서 감동을 주고 은혜를 끼치는 것으로 끝나는 것이 아니다. 말씀은 육체를 통하여 삶 속에 나타나야 한다. 말씀이 육신이 된 것처럼 우리의 머리와 가슴속에 있는 말씀이 머리와 가슴에만 머무르지 않고 육체를 통하여 예수님의 형상으로 나타나야 한다.

기도한다

1) 기도란 무엇인가?

(1) 기도는 하나님과의 영적인 대화이다

> **시 91:15** "그가 내게 간구하리니 내가 그에게 응답하리라 그들이 환난 당할 때에 내가 그와 함께 하여 그를 건지고 영화롭게 하리라"

> **렘 33:3** "너는 내게 부르짖으라 내가 네게 응답하겠고

네가 알지 못하는 크고 은밀한 일을 네게 보이리라"

마 7:7-8 "구하라 그리하면 너희에게 주실 것이요 찾으라 그리하면 찾아낼 것이요 문을 두드리라 그리하면 너희에게 열릴 것이니 구하는 이마다 받을 것이요 찾는 이는 찾아낼 것이요 두드리는 이에게는 열릴 것이니라"

기도란 하나님과의 영적인 대화이다. 기도란 우리 인간이 하나님을 아버지라고 부르며 하나님께 다가가 자신의 마음과 생각을 있는 그대로 내려놓고 자신을 향하신 하나님의 뜻을 헤아리는 것이다. 하나님을 향한 우리의 소원을 아뢰며 또 하나님께서는 그의 뜻을 우리에게 보여주시며 응답하시는 것에 이르기까지 하나님과 인간 사이에 이루어지는 영적이고 인격적인 대화이다.

하나님께서는 전능하시고 전지하시기 때문에 인간이 생각하고 소원하고 마음에 품은 것을 다 아시지만 인간이 그것들을 마음에 품고만 있지 말고 하나님께 내어놓고 표현하기를 원하신다. 그때 하나님께서는 인간에게 응답하시겠다는 것이다. 하나님께서는 우리가 환난에 처해 있을 때 간구하면 건져주시겠다고 하셨고(시 91:15) 부르짖어 기도할 때 크고 비밀한 것을 보여주시겠다고 약속해 주셨다(렘 33:3). 구하면 주실 것이고 찾으면 찾을 것이고 문을 두드리면 열릴 것이라고 약속해 주셨다(마 7:7-8).

2) 기도는 누구에게 하는가?

(1) 하나님 아버지께 기도한다

마 6:6 "너는 기도할 때에 네 골방에 들어가 문을 닫고 은밀한 중에 계신 네 아버지께 기도하라 은밀한 중에 보시는 네 아버지께서 갚으시리라"

마 6:9 "그러므로 너희는 이렇게 기도하라 하늘에 계신 우리 아버지여 이름이 거룩히 여김을 받으시오며"

(2) 기도는 반드시 예수님의 이름으로 한다

요 14:13 "너희가 내 이름으로 무엇을 구하든지 내가 행하리니 이는 아버지로 하여금 아들로 말미암아 영광을 받으시게 하려 함이라"

기도의 대상은 하나님 아버지이시다. 기도는 골방에 들어가 문을 닫고 은밀한 중에 계신 하나님 아버지께 하라고 하셨다(마 6:6). 오직 하나님만 만날 수 있고 의지하는 곳에서 하라고 하였다. 예수님도 "하늘에 계신 우리 아버지"를 부르면서 하나님께 기도하라고 가르치셨다(마 6:9).

예수님은 우리의 구원자이시고 중보자이시기 때문에 기도는 반드시 예수님의 이름으로 한다(요 14:13).

3) 기도는 언제 하는가?

(1) 언제나 기도한다

살전 5:17 "쉬지 말고 기도하라"

눅 18:1 "예수께서 그들에게 항상 기도하고 낙심하지 말 아야 할 것을 비유로 말씀하여"

기도의 방법에는 시간과 장소를 정하지 않고 언제나 하는 기도와 시간과 장소를 정하고 집중적으로 하는 기도가 있다. '쉬지 말고 기도하라'(살전 5:17)는 평범한 삶 속에서 언제나 하나님을 기억하고 하나님과의 끊임없는 영적 교제 속에서 살라는 뜻이다. '항상 기도하라'(눅 18:1)는 낙심하지 말고 포기하지 말고 하나님께서 응답하시는 때를 기다리며 기도하라는 뜻이다.

(2) 시간을 정하여 기도한다

눅 6:12 "이때에 예수께서 기도하시러 산으로 가사 밤이 새도록 하나님께 기도하시고"

막 1:35 "새벽 아직도 밝기 전에 예수께서 일어나 나가 한적한 곳으로 가사 거기서 기도하시더니"

시간과 장소를 정해 놓고 하는 기도는 구체적인 기도제목을 정해 놓고 조용한 시간에 은밀한 장소에서 하는 기도이다. 예수님은 밤이 새도록 산에서 그리고 새벽 미명에 한적한 곳에서 기도하셨다(눅 6:12; 막 1:35). 이러한 기도는 특별한 경우에만 하는 것이 아니고 성도라면 누구나 매일 시간과 장소를 정해 놓고 하나님 앞에 나아가 규칙적으로 하는 기도가 되어야 한다.

요한 웨슬리는 바쁜 중에도 하루에 4시간씩 기도를 하였고, 에이브러햄 링컨 대통령은 남북전쟁 중에도 매일 백기를 꽂아 놓고 기도하였다고 한다. 그리고 조지 뮬러는 일생 동안 5만 번 이상의 기도 응답을 받았다고 한다.

기도는 마치 깊은 곳에 파묻혀 있는 보물을 캐내는 것과도 같다. 파지 않으면 보물을 얻을 수 없는 것과도 같이 기도하지 않으면 하나님께서 보여주려고 하시는 비밀한 것들을 볼 수 없다.

4) 기도는 어떤 순서로 하는가?

성경에는 기도의 순서에 대하여 구체적인 말씀은 없다. 그러나 주님이 가르쳐 주신 기도와 성경에 나타난 선지자들과 사도들의 기도를 참고하여 볼 때 기도는 찬양, 감사, 자백, 중보, 간구의 순서로 하는 것이 적절하다. 그러나 기도할 때마다 이러한 순서를 따르라는 것은 아니다. 물론 하나님을 부르고 감사하는 것으로 기도가 시작되지만 기도의 내용은 회개가 될 수도 있고 중보나 간구가 될 수도 있다.

(1) 찬양

> 벧전 2:9 "그러나 너희는 택하신 족속이요 왕 같은 제사장들이요 거룩한 나라요 그의 소유가 된 백성이니 이는 너희를 어두운 데서 불러내어 그의 기이한 빛에 들어가게 하신 이의 아름다운 덕을 선포하게 하려 하심이라"

마 6:9-10 "그러므로 너희는 이렇게 기도하라 하늘에 계신 우리 아버지여 이름이 거룩히 여김을 받으시오며 나라가 임하시오며 뜻이 하늘에서 이루어진 것같이 땅에서도 이루어지이다"

시 145:1-6 "왕이신 나의 하나님이여 내가 주를 높이고 영원히 주의 이름을 송축하리이다 내가 날마다 주를 송축하며 영원히 주의 이름을 송축하리이다 여호와는 위대하시니 크게 찬양할 것이라 그의 위대하심을 측량하지 못하리로다 대대로 주께서 행하시는 일을 크게 찬양하며 주의 능한 일을 선포하리로다 주의 존귀하고 영광스러운 위엄과 주의 기이한 일들을 나는 작은 소리로 읊조리리이다 사람들은 주의 두려운 일의 권능을 말할 것이요 나도 주의 위대하심을 선포하리이다"

하나님께서는 우리를 성별된 그리스도인 곧 택하신 족속, 왕 같은 제사장, 거룩한 나라, 그의 소유가 된 백성으로 어두운 데에서 불러 그의 기이한 빛에 들어가게 하셨다. 찬양이란 우리를 불러 기이한 빛 곧 구원을 통하여 영원한 빛의 세계에 들어가게 하신 하나님의 아름다운 덕을 선포하는 것이다(벧전 2:9). 그는 창조자이시고 구원자로서 거룩하시고 전능하시며 위대하시고 영원하시고 선하시며 긍휼을 베푸시며 자비하시고 인자하시며 무한한 사랑을 가지셨다. 이러한 하나님의 성품을 드러내는 것이 찬양이다. 예수님께서 가르쳐 주신 기도에서도 "하늘에 계신 우리 아버지여 거룩히 여김을 받으시오며"라는 찬양으로 시작한다(마 6:9-10). 다윗의 기도에서도 하나님을 향한 찬양을 볼 수 있다. 찬양은 단순히 기도의 순서이기 때문에 의무적으로 하는 기도가 아니다. 기도는 하나님과의 만남으로부터 시작하는 것이며 찬양은 그러한 만남을 기뻐하며 하나님을 높이는 것이다.

(2) 감사

빌 4:6-7 "아무것도 염려하지 말고 다만 모든 일에 기도와 간구로, 너희 구할 것을 감사함으로 하나님께 아뢰라 그리하면 모든 지각에 뛰어난 하나님의 평강이 그리스도 예수 안에서 너희 마음과 생각을 지키시리라"

세상을 살아가는 데 염려 없이 사는 사람은 없다. 염려가 있으면 하나님으로부터 멀어지기 쉽고 또 마음이 짓눌려서 감사하는 마음을 잃어버리기가 쉽다. 그러나 성도는 믿음으로 염려를 몰아내고 감사함으로 하나님 앞에 나아가야 한다. 그리하면 하나님의 평강이 우리의 마음과 생각을 지켜 주신다고 하였다(빌 4:6-7).

(3) 자백

요일 1:9 "만일 우리가 우리 죄를 자백하면 그는 미쁘시고 의로우사 우리 죄를 사하시며 우리를 모든 불의에서 깨끗하게 하실 것이요"

시 32:3-5 "내가 입을 열지 아니할 때에 종일 신음하므로 내 뼈가 쇠하였도다 주의 손이 주야로 나를 누르시오니 내 진액이 빠져서 여름 가뭄에 마름같이 되었나이다 (셀라) 내가 이르기를 내 허물을 여호와께 자복하리라 하고 주께 내 죄를 아뢰고 내 죄악을 숨기지 아니하였더니 곧 주께서 내 죄악을 사하셨나이다 (셀라)"

자백이란 우선 자기 자신을 돌아보며 자신의 모습을 하나님 앞에 그대로 내려놓는 것이다. 하나님 앞에서 범한 죄와 허물은 물론 억울한 마음, 상한 마음, 분노까지도 숨김없이 하나님 앞에 내려놓는 것이다. 그리고 용서하고 용서받는 것이다. 자기에게 억울한 마음을 품게 하고 마음에 상처를 주고 분노를 준 모든 사람을 용서하고 자신의 허물과 실패 그리고 죄를 자백하며 하나님 앞에서 성결한 자신을 회복하는 것이다. 하나님께서는 미쁘시고 의로우시기 때문에 인간이 하나님께 나아가 죄를 자백할 때 사해 주신다고 약속해 주셨다(요일 1:9). 시편 32편은 죄를 용서받은 자의 기쁨을 노래한 것이다. 다윗은 우리아의 아내 밧세바를 범한 죄를 토설치 아니하였을 때 종일 신음하며 뼈가 쇠하는 것과 같은 눌림을 받았다. 그러나 그는 죄를 자복하여 용서받았을 때 자유와 기쁨을 회복하였다.

(4) 중보

골 1:9-12 "이로써 우리도 듣던 날부터 너희를 위하여 기도하기를 그치지 아니하고 구하노니 너희로 하여금 모든 신령한 지혜와 총명에 하나님의 뜻을 아는 것으로 채우게 하시고 주께 합당하게 행하여 범사에 기쁘시게 하고 모든 선한 일에 열매를 맺게 하시며 하나님을 아는 것에 자라게 하시고 그의 영광의 힘을 따라 모든 능력으로 능하게 하시며 기쁨으로 모든 견딤과 오래 참음에 이르게 하시고 우리로 하여금 빛 가운데서 성도의 기업의 부분을 얻기에 합당하게 하신 아버지께 감사하게 하시기를 원하노라"

골 4:2-4 "기도를 계속하고 기도에 감사함으로 깨어 있으라 또한 우리를 위하여 기도하되 하나님이 전도할 문을 우리에게 열어 주사 그리스도의 비밀을 말하게 하시기를 구하라 내가 이 일 때문에 매임을 당하였노라 그리하면 내가 마땅히 할 말로써 이 비밀을 나타내리라"

약 5:16 "그러므로 너희 죄를 서로 고백하며 병이 낫기를 위하여 서로 기도하라 의인의 간구는 역사하는 힘이 큼이니라"

중보기도는 하나님 나라를 세우기 위하여 자기 이외의 다른 사람 혹은 자기 것 이외에 다른 것을 위해서 하는 기도이다. 가장 가까운 자녀들이나 가족을 위한 기도에서부터 시작하여 친구 혹은 친지들이나 전혀 알지 못하던 영혼들을 위하여 하는 모든 기도, 교회와 신학교를 위한 기도 그리고 나라와 민족을 위한 기도, 더 나아가서는 세계를 위한 기도가 모두 중보기도에 속한다.

또 병 고침이나 어려운 문제 해결을 위한 기도에서 시작하여 영혼 구원이나 신앙 성숙을 위한 기도, 전도와 선교를 통한 복음의 능력 나타남을 위한 기도가 모두 중보기도에 속한다. 중보기도는 언제나 그리스도인의 관심의 방향과 폭에 따라서 다양하게 구사되지만 그 중심은 언제나 하나님 나라를 세우기 위한 것이다.

골로새서 1장 9-12절은 바울이 골로새 교인들을 위하여 하는 중보기도의 내용이다. 그 당시 골로새 교회에 만연했던 거짓 교사의 잘못된 가르침을 분별하여 하나님의 뜻을 알아 하나님을 기쁘시게 하고 신앙적으로 성숙하여 선한 열매를 맺으며 하나님의 백성으로 얻은 기업에 대하여 감사하기를 간구하고 있다.

골로새서 4장 2-4절은 골로새 교인들에게 바울이 부탁하는 중보기도의 내용이다. 하나님께서 전도할 문을 열어 주사 그리스도의 비밀(복음)을 담대히 전할 수 있도록 기도해 달라는 것이다. 또 야고보서 5장 16절은 병 낫기를 위하여 서로 기도하는 것이다.

(ㄷ) 간구

눅 1:13 "천사가 그에게 이르되 사가랴여 무서워하지 말라 너의 간구함이 들린지라 네 아내 엘리사벳이 네게 아들을 낳아 주리니 그 이름을 요한이라 하라"

눅 2:37-38 "과부가 되고 팔십사 세가 되었더라 이 사람이 성전을 떠나지 아니하고 주야로 금식하며 기도함으로 섬기더니 마침 이때에 나아와서 하나님께 감사하고 예루살렘의 속량을 바라는 모든 사람에게 그에 대하여 말하니라"

간구는 개인적인 강청을 의미한다. 간구는 누가복음 18장 1-8절에 기록되어 있는 것처럼 한 과부가 자신의 소원을 이루기 위하여 재판관에게 끝까지 끈질기게 매달리는 것이다. 그러나 간구는 자신의 욕심에 따라 무엇이든지 구하는 것이 아니고 하나님의 뜻에 합당하게 자신의 소원을 아뢰는 것이다. 제사장 사가랴와 엘리사벳이 자녀가 없어서 간구하여 응답으로 세례 요한을 낳았다(눅 1:13).

과부 된 지 84년이 된 안나 할머니가 성전을 떠나지 아니하고 주야에 금식하며 기도하였더니 응답으로 아기 예수님을 만나게 되었다(눅 2:37-38).

5) 기도는 무엇을 위하여 하는가?

(1) 하나님의 나라와 의를 위하여 기도한다

마 6:33 "그런즉 너희는 먼저 그의 나라와 그의 의를 구하라 그리하면 이 모든 것을 너희에게 더하시리라"

제자들이 먹을 것과 입을 것을 걱정하는 것을 보고 예수님께서 마태복음 6장 33절의 말씀으로 제자들을 가르치셨다. 예수님께서는 '먼저 그의 나라와 그의 의를 구하라'고 하셨다 그리하면 '모든 것'을 더하시겠다고 약속해 주셨다. '모든 것'이란 먹을 것과 입을 것을 말한다. 즉, 사람들이 살아가는 중에 발생하는 여러 가지 문제들이다. 우리는 문제 해결을 위하여 먼저 기도하기 쉽지만 이 약속을 믿고 하나님 나라와 의를 먼저 구하는 기도를 실현할 수 있어야 한다.

'하나님의 나라'란 예수님을 구세주로 영접한 하나님의 자녀들로 이루어진 예배와 찬양의 공동체를 말한다. 하나님 나라는 먼저 예수님이 내 마음에 들어오심으로 이루어지기 시작하고 복음 전파를 통하여 다른 사람에게 예수님이 들어가심으로 확장되는 것이다. 그리고 '하나님의 의'는 하나님 나라를 이루기 위하여 하나님이 보시기에 바르다고 할 만한 일을 실현하는 것을 말한다. 기도는 먼저 하나님 나라와 의를 위하여 하는 기도가 되어야 한다(마 6:33).

① 하나님의 뜻을 깨닫기 위하여

> **빌 2:13** "너희 안에서 행하시는 이는 하나님이시니 자기의 기쁘신 뜻을 위하여 너희에게 소원을 두고 행하게 하시나니"

> **행 16:9** "밤에 환상이 바울에게 보이니 마게도냐 사람 하나가 서서 그에게 청하여 이르되 마게도냐로 건너와서 우리를 도우라 하거늘"

하나님 나라와 의를 위하여 기도하기 위해서는 먼저 하나님의 뜻을 깨닫는 것이 중요하다. 빌립보서 2장 13절에 하나님께서 그의 기쁘신 뜻을 위하여 우리 그리스도인들에게 소원을 두고 행하게 하신다고 하였다. 바울은 환상 중에 그에게 도움을 청하는 마게도냐 사람을 보고 전도지를 소아시아에서 마게도냐로 바꾸었다(행 16:9). 성도는 자기를 향하신 하나님의 뜻, 자기 가정을 향하신 하나님의 뜻, 교회를 향하신 하나님의 뜻 그리고 나라를 향하신 하나님의 뜻을 깨닫기 위하여 기도해야 한다.

② 복음 전파를 위하여

> 엡 6:19 "또 나를 위하여 구할 것은 내게 말씀을 주사 나로 입을 열어 복음의 비밀을 담대히 알리게 하옵소서 할 것이니"

> 골 4:3 "또한 우리를 위하여 기도하되 하나님이 전도할 문을 우리에게 열어 주사 그리스도의 비밀을 말하게 하시기를 구하라 내가 이 일 때문에 매임을 당하였노라"

성도는 복음 전파를 위하여 기도해야 한다. 바울은 에베소서와 골로새서를 마무리하면서 에베소 교인들과 골로새 교인들에게 복음 전파를 위한 중보기도를 부탁했는데 입을 열어 복음의 비밀을 담대히 알리게 할 것과 전도의 문을 열어 그리스도의 비밀을 말할 것을 위하여 기도해 줄 것을 부탁하였다 (엡 6:19; 골 4:3). 여기에서 복음의 비밀과 그리스도의 비밀은 모두 복음을 가리킨다.

③ 성령을 받기 위하여

> **행 1:14** "여자들과 예수의 어머니 마리아와 예수의 아우들과 더불어 마음을 같이하여 오로지 기도에 힘쓰더라"

> **행 2:4** "그들이 다 성령의 충만함을 받고 성령이 말하게 하심을 따라 다른 언어들로 말하기를 시작하니라"

> **행 19:6** "바울이 그들에게 안수하매 성령이 그들에게 임하시므로 방언도 하고 예언도 하니"

성도는 성령을 받기 위하여 기도해야 한다. 예수님께서 승천하신 다음 제자들과 무리들이 다락방에 모여 힘써 기도할 때 (행 1:14) 성령의 충만함을 받았다(행 2:4). 또 바울이 에베소 교인들에게 안수할 때 성령이 임했다(행 19:6).

④ 교회 사역을 위하여

행 1:23-24 "그들이 두 사람을 내세우니 하나는 바사바라고도 하고 별명은 유스도라고 하는 요셉이요 하나는 맛디아라 그들이 기도하여 이르되 뭇 사람의 마음을 아시는 주여 이 두 사람 중에 누가 주님께 택하신 바 되어"

행 6:5-6 "온 무리가 이 말을 기뻐하여 믿음과 성령이 충만한 사람 스데반과 또 빌립과 브로고로와 니가노르와 디몬과 바메나와 유대교에 입교했던 안디옥 사람 니골라를 택하여 사도들 앞에 세우니 사도들이 기도하고 그들에게 안수하니라"

행 13:2-3 "주를 섬겨 금식할 때에 성령이 이르시되 내

가 불러 시키는 일을 위하여 바나바와 사울을 따로 세
우라 하시니 이에 금식하며 기도하고 두 사람에게 안수
하여 보내니라"

성도는 교회 사역을 위하여 기도해야 한다. 교회 사역 중에
가장 중요한 사역은 일꾼을 세우는 일이다. 열두 제자 중 유다
로 인하여 빠진 자리를 채우기 위하여 요셉과 맛디아를 놓고
기도하였다(행 1:22-23). 또 말씀 사역으로 인하여 바쁜 제자들
을 돕기 위하여 일곱 집사를 세울 때에도 사도들은 기도하였
다(행 6:5-6). 안디옥 교회가 바울과 바나바를 선교사로 파송할
때에도 금식하며 기도하였다(행 13:2-3).

⑤ 마귀의 궤계를 대적하기 위하여

엡 6:11 "마귀의 간계를 능히 대적하기 위하여 하나님의
전신 갑주를 입으라"

엡 6:18 "모든 기도와 간구를 하되 항상 성령 안에서 기

도하고 이를 위하여 깨어 구하기를 항상 힘쓰며 여러 성
도를 위하여 구하라"

성도는 마귀의 궤계를 대적하기 위하여 기도해야 한다. 성도들이 세상에서 사는 동안 사탄과의 영적 전쟁은 피할 수 없는 싸움이다. 이 싸움은 하나님 나라를 세우시려는 하나님의 목적 성취를 방해하는 사탄과의 싸움이다. 사탄은 성도를 넘어뜨리기 위하여 온갖 궤계를 부린다. 성도는 사탄의 궤계를 대적하기 위하여 전신갑주를 입어야 한다(엡 6:11). 전신갑주는 성도의 신실성, 의로운 삶, 복음 때문에 오는 자신감, 믿음의 방패, 구원의 확신 그리고 말씀으로 무장하는 것을 말한다. 이를 위하여 항상 성령 안에서 깨어 기도하기를 힘써야 한다(엡 6:18).

⑥ 시험에 들지 않기 위하여

마 26:41 "시험에 들지 않게 깨어 기도하라 마음에는 원이로되 육신이 약하도다 하시고"

성도는 시험에 들지 않게 기도해야 한다. 인간은 누구나 연약하기 때문에 시험에 들기 쉽다. 시험은 성도를 악에 빠져 하나님으로부터 멀어지도록 하는 유혹이다. 사탄이 주는 시험에 들지 않도록 깨어 기도하라는 것이다.

⑦ 병 낫기를 위하여

약 5:16 "그러므로 너희 죄를 서로 고백하며 병이 낫기를 위하여 서로 기도하라 의인의 간구는 역사하는 힘이 큼이니라"

사 38:1-5 "그때에 히스기야가 병들어 죽게 되니 아모스의 아들 선지자 이사야가 나아가 그에게 이르되 여호와께서 이같이 말씀하시기를 너는 네 집에 유언하라 네가 죽고 살지 못하리라 하셨나이다 하니 히스기야가 얼굴을 벽으로 향하고 여호와께 기도하여 이르되 여호와여 구하오니 내가 주 앞에서 진실과 전심으로 행하며 주의 목전에서 선하게 행한 것을 기억하옵소서 하고 히

스기야가 심히 통곡하니 이에 여호와의 말씀이 이사야
에게 임하여 이르시되 너는 가서 히스기야에게 이르기
를 네 조상 다윗의 하나님 여호와께서 이같이 말씀하시
기를 내가 네 기도를 들었고 네 눈물을 보았노라 내가
네 수한에 십오 년을 더하고"

성경은 질병에 걸렸을 때 병 낫기를 위하여 기도하라고 하였다(약 5:16). 히스기야 왕은 병들어 죽게 되었을 때 벽을 향하여 통곡하며 기도하여 병 고침 받았을 뿐만 아니라 수명까지도 연장 받는 은혜를 입었다(사 38:1-5).

⑧ 마음의 소원을 이루기 위하여

삼상 1:10 "한나가 마음이 괴로워서 여호와께 기도하고 통곡하며"

삼상 1:20 "한나가 임신하고 때가 이르매 아들을 낳아 사무엘이라 이름하였으니 이는 내가 여호와께 그를 구하였다 함이더라"

성도에게도 해결하기를 원하는 문제나 성취하고 싶은 마음의 소원이 있을 수 있다. 한나는 아들이 없어서 괴로워하던 중 회당에 가서 통곡하면서 기도하였다(삼상 1:10). 그 결과 한나는 임신하였고 때가 되어 아들 사무엘을 낳았다(삼상 1:20).

하나님께서 약속하신 것처럼 하나님의 나라와 의를 위해서 기도할 때 우리에게 필요를 채워주실 것을 약속해 주셨지만(마 6:33) 우리에게 문제가 생겼을 때 이 문제 해결을 위해 기도할 수 있다. 그러나 한 가지 명심해야 할 것은 문제 해결도 궁극적으로는 하나님 나라와 의를 위해서 하는 것이 되어야 한다.

6) 기도는 어떤 태도와 자세로 하는가?

(1) 먼저 예수 그리스도와 연합되어야 한다

요 15:7 "너희가 내 안에 거하고 내 말이 너희 안에 거하면 무엇이든지 원하는 대로 구하라 그리하면 이루리라"

(2) 하나님의 뜻에 따라 믿음으로 기도해야 한다

요일 5:14 "그를 향하여 우리가 가진 바 담대함이 이것이니 그의 뜻대로 무엇을 구하면 들으심이라"

마 21:22 "너희가 기도할 때에 무엇이든지 믿고 구하는 것은 다 받으리라 하시니라"

기도 응답을 받기 위해서는 우리는 올바른 태도와 자세로 기도해야 한다. 먼저 우리가 그리스도 안에 거하고 그리스도의 말씀이 우리 안에 거해야 한다(요 15:7). 즉, 예수 그리스도와 연합되어야 한다는 것이다. 그리스도와의 연합 속에서 말씀에 합당하게 기도할 때 우리는 자연스럽게 하나님의 뜻에 따라 구하게 될 것이고(요일 5:14) 무엇이든지 구한 것은 받은 줄로 믿는 믿음으로 기도하게 될 것이다(마 21:22).

(3) 다른 사람의 죄를 용서해야 한다

막 11:25 "서서 기도할 때에 아무에게나 혐의가 있거든 용서하라 그리해야 하늘에 계신 너희 아버지께서도 너희 허물을 사하여 주시리라 하시니라"

마 6:14-15 "너희가 사람의 잘못을 용서하면 너희 하늘 아버지께서도 너희 잘못을 용서하시려니와 너희가 사람의 잘못을 용서하지 아니하면 너희 아버지께서도 너희 잘못을 용서하지 아니하시리라"

기도하기 전에 성도는 이웃과의 좋은 관계를 가져야 한다. 기도할 때에 아무에게나 혐의 곧 등지는 일이 있다면 먼저 그를 용서하라고 하셨다. 그렇게 해야 하늘에 계신 하나님 아버지께서도 우리의 허물을 용서해 주신다고 하셨다(막 11:25). 그렇게 하지 않으면 하나님께서도 우리의 죄를 용서해 주시지 않는다(마 6:14-15). 주기도문에도 "우리가 우리에게 죄 지은 자를 사하여 준 것같이 우리 죄를 사하여 주시옵고"라고 되어 있다.

(ㄴ) 간절히 기도해야 한다

마 7:7 "구하라 그리하면 너희에게 주실 것이요 찾으라 그리하면 찾아낼 것이요 문을 두드리라 그리하면 너희에게 열릴 것이니"

기도는 간절하게 해야 한다. 마태복음 7장 7절 말씀은 간절하게 구하라는 뜻이다. 구하고 찾고 두드리는 것처럼 간절하게 하나님께 다가갈 때 기도에 대한 응답이 있을 것이다.

(ㄷ) 겸손하게 기도해야 한다

눅 18:10-14 "두 사람이 기도하러 성전에 올라가니 하나는 바리새인이요 하나는 세리라 바리새인은 서서 따로 기도하여 이르되 하나님이여 나는 다른 사람들 곧 토색, 불의, 간음을 하는 자들과 같지 아니하고 이 세리와도 같지 아니함을 감사하나이다 나는 이레에 두 번씩 금식하고 또 소득의 십일조를 드리나이다 하고 세리는 멀리 서서 감히 눈을 들어 하늘을 쳐다보지도 못하고 다만 가슴을 치며 이르되 하나님이여 불쌍히 여기소서 나는 죄인이로소이다 하였느니라 내가 너희에게 이르노니 이에 저 바리새인이 아니고 이 사람이 의롭다 하심을 받고 그의 집으로 내려갔느니라 무릇 자기를 높이는 자는 낮아지고 자기를 낮추는 자는 높아지리라 하시니라"

기도는 겸손하게 해야 한다. 누가복음 18장 9-14절 말씀은 자기를 의롭다고 믿고 다른 사람을 멸시하는 자들에게 겸손을 가르치시기 위하여 예수님께서 주신 비유이다. 바리새인과 세리가 성전에 올라가서 기도할 때 바리새인은 자기를 자랑하며 "나는 이 세리와도 같지 아니함을 감사한다"라고 하였지만, 세리는 하늘을 쳐다보지도 못하고 가슴을 치며 "나는 죄인이로소이다"라고 하였다.

예수님께서는 바리새인이 아니고 이 사람 곧 세리가 의롭다 하심을 받고 그의 집으로 내려갔다고 하셨다. 세리가 기도 응답을 받았다는 뜻이다. 하나님께서는 겸손하게 드리는 기도를 받으신다. 성도들도 시간이 지나면서 어느새 바리새인처럼 교만해질 수 있음을 잊지 말고 항상 자기를 돌아보아야 한다.

(6) 잘못하는 기도를 조심해야 한다

마 6:5 "또 너희는 기도할 때에 외식하는 자와 같이 하지 말라 그들은 사람에게 보이려고 회당과 큰 거리 어귀에 서서 기도하기를 좋아하느니라 내가 진실로 너희에게 이르노니 그들은 자기 상을 이미 받았느니라"

마 6:7 "또 기도할 때에 이방인과 같이 중언부언하지 말라 그들은 말을 많이 하여야 들으실 줄 생각하느니라"

바리새인들 중에 위선자처럼 잘못하는 기도 두 가지가 있다. 첫째는 다른 사람에게 보이기 위해서 사람들이 많이 모이는 회당이나 큰 거리 어귀에서 하는 기도이다(마 6:5). 둘째는 이방인과 같이 중심에 하나님을 향한 진지함이나 진정한 열망도 없이 무의미한 말을 반복하는 방식의 중언부언하는 기도이다(마 6:7). 우리도 여러 성도들 앞에서 대표로 기도할 때나 여럿이 모인 곳에서 기도할 때 이러한 잘못된 기도에 미혹되지 않도록 조심해야 한다.

4. 교제한다

1) 성도는 하나님과 교제한다. 어떻게 하는가?

고전 1:9 "너희를 불러 그의 아들 예수 그리스도 우리 주와 더불어 교제하게 하시는 하나님은 미쁘시도다"

요일 1:3 "우리가 보고 들은 바를 너희에게도 전함은 너희로 우리와 사귐이 있게 하려 함이니 우리의 사귐은 아버지와 그의 아들 예수 그리스도와 더불어 누림이라"

하나님께서는 구원받은 성도들과 사랑의 교제를 갖기를 원하신다. 하나님께서 인간을 창조하신 목적도 궁극적으로는 인간과 사랑의 교제를 가지기 위해서이다. 고린도전서 1장 9절에서는 그 아들 예수 그리스도와의 교제를 말하였고, 요한일서 1장 3절에서는 우리(사도들)의 사귐은 하나님 아버지와 그의 아들 예수 그리스도와 함께 누리는 것이라고 하였다. 하나님과의 교제의 통로는 예배와 찬양, 말씀과 기도, 십일조와 봉헌물을 드리는 것이다.

(1) 예배를 드리다

요 4:24 "하나님은 영이시니 예배하는 자가 영과 진리로 예배할지니라"

사 58:13-14 "만일 안식일에 네 발을 금하여 내 성일에 오락을 행하지 아니하고 안식일을 일컬어 즐거운 날이라, 여호와의 성일을 존귀한 날이라 하여 이를 존귀하게 여기고 네 길로 행하지 아니하며 네 오락을 구하지 아니하며 사사로운 말을 하지 아니하면 네가 여호와 안에서 즐거움을 얻을 것이라 내가 너를 땅의 높은 곳에 올리고 네 조상 야곱의 기업으로 기르리라 여호와의 입의 말씀이니라"

예배는 하나님과의 교제이다. 하나님은 영이시기 때문에 영적으로 그리고 그리스도 안에서 계시된 진리에 따라 드리는 예배를 기뻐 받으신다(요 4:24). 예배에는 공적으로 드리는 예배와 사적으로 드리는 예배가 있다. 공적 예배는 정해진 시간에, 정해진 장소에서, 정해진 예식절차에 따라, 정해진 목사의 인도에 따라 드리는 것이다. 오늘날 보편적으로 시행되고 있는 공적 예배에는 주일예배, 수요예배, 새벽기도회 등이 있다. 특별히 주일예배는 대단히 중요하다.

주일성수는 구약시대의 안식일을 대신하는 것으로 단지 공적 예배를 드리는 것만으로 끝나는 것이 아니고 예배 후 남은 시간에도 구별되게 살아야 할 것을 이사야 선지자를 통하여 전하고 있다. 후기 유다 왕조 시대에 백성들이 안식일 준수를 소홀히 여겼던 때가 있었다. 즉, 제사는 드렸으나 안식일을 구별하여 지키지 않았다. 이러한 때에 여호와 하나님께서 직접 이사야를 통하여 안식일 준수에 대한 엄한 말씀을 주셨다(사 58:13-14). 안식일을 하나님의 성일로 존귀하게 여기고 오락을 행하지도 구하지도 아니하고 사사로운 말을 하지 않으면 여호와 안에서 즐거움을 얻을 것이고 높은 곳에 올려 야곱의 업으로 길러주시겠다고 약속하셨다.

여기에서 '야곱의 업으로 길러주신다'는 말은 '야곱의 유산으로 먹고 살게 하시겠다'는 뜻으로, 크게 축복해 주시겠다는 뜻이다. 성도는 주일예배만 아니라 교회에서 드리는 모든 공적 예배에 참여하도록 노력해야 한다.

예배는 공적 예배에만 국한되지 않고 우리의 삶 자체가 예배가 되어야 한다. 그러한 의미에서 가정예배는 대단히 중요하다. 하루에 한 번씩 온 가족이 둘러앉아 드리는 가정예배는 하나님께서 기뻐 받으시는 귀한 예배이다. 그러나 바쁜 생활에서 매일 가정예배를 드리는 것은 쉬운 일이 아니다. 가장 실현성이 있는 방법의 하나는 저녁 식사 후에 가족이 각자의 일로 돌아가기 전에 그 자리에서 간단하게 가정예배를 드리는 것이다.

(2) 말씀을 통하여 하나님의 뜻을 헤아린다

(3) 기도를 통하여 하나님과 대화한다
말씀과 기도를 통하여 하나님과 교제하는 것에 대하여는 이미 앞에서 언급하였다.

(4) 감사하고 찬양한다

> **골 3:15-16** "그리스도의 평강이 너희 마음을 주장하게 하라 너희는 평강을 위하여 한 몸으로 부르심을 받았나니 너희는 또한 감사하는 자가 되라 그리스도의 말씀이 너희 속에 풍성히 거하여 모든 지혜로 피차 가르치며 권면하고 시와 찬송과 신령한 노래를 부르며 감사하는 마음으로 하나님을 찬양하고"

> **살전 5:18** "범사에 감사하라 이것이 그리스도 예수 안에서 너희를 향하신 하나님의 뜻이니라"

예배에는 하나님께 드리는 감사와 찬양이 있다. 진정한 찬양은 진심으로 감사하는 마음이 있을 때 부를 수 있고, 진정한 감사는 그리스도의 평강이 우리의 마음을 주장할 때 가능한 것이다(골 3:15-16). 찬양은 시편에 실려 있는 시와 그리스도인들이 지어 부르는 찬미 그리고 성령에 감동되어 즉석에서 부르던 신령한 노래이다.

이러한 하나님과의 교제 속에 있는 우리의 삶은 범사에 감사로 이어진다. 바울은 데살로니가 교인들에게 "항상 기뻐하라. 쉬지 말고 기도하라. 범사에 감사하라"고 권고하면서 "이것이 그리스도 예수 안에서 너희를 향하신 하나님의 뜻"이라고 하였다(살전 5:18). 즉, 그리스도인이 하나님과의 교제 속에 있을 때 어떠한 상황에서도 항상 기뻐하고, 모든 일에 하나님을 굳게 붙잡고 쉬지 않고 기도하며 모든 일에 감사하는 마음으로 살아갈 수 있다.

(5) 하나님께 십일조와 봉헌물을 드리다

말 3:10 "만군의 여호와가 이르노라 너희의 온전한 십일조를 창고에 들여 나의 집에 양식이 있게 하고 그것으로 나를 시험하여 내가 하늘 문을 열고 너희에게 복을 쌓을 곳이 없도록 붓지 아니하나 보라"

눅 11:42 "화 있을진저 너희 바리새인이여 너희가 박하와 운향과 모든 채소의 십일조는 드리되 공의와 하나님께 대한 사랑은 버리는도다 그러나 이것도 행하고 저것도 버리지 말아야 할지니라"

하나님과의 중요한 교제 중 하나는 십일조와 봉헌물을 하나님께 드리는 것이다. 십일조에 대해서는 창세기 14장 20절에서 첫 번째 기록을 찾아볼 수 있다. 아브라함이 적은 수의 군사를 이끌고 큰 전쟁에 승리하여 돌아오는 길에 지극히 높은 제사장 멜기세덱을 만났는데 이때 멜기세덱이 아브라함을 축복하며 대적을 물리치도록 인도하신 하나님을 찬송하였다. 이에 대한 감사의 표현으로 아브라함이 전리품의 십 분의 일을 멜기세덱에게 드렸다. 이와 같이 십일조는 율법으로 시작한 것이 아니고 감사로 시작한 것이다.

또 창세기 28장 22절에는 야곱이 처음으로 집을 떠나 하란으로 가는 도중에 베델에서 막막한 자신의 앞날을 하나님에게 부탁하면서 서원의 증표로 십일조를 약속하는 기록이 있다. 레위기 27장 30절에서는 땅의 곡식, 과실의 십 분의 일은 여호와의 것이라고 하였다.

말라기 3장을 보면 십일조는 하나님의 것임을 알 수 있다. 이스라엘 백성들이 하나님의 규례를 어기고 하나님을 떠났을 때 돌아오라는 하나님의 호소에 대하여 이스라엘 백성들이 어떻게 해야 돌아갈 수 있는지 하나님께 반문하였다(말 3:7-8). 이러한 질문에 대하여 하나님께서는 규례를 지키며 온전한 십일조와 봉헌물을 도둑질하지 말고 하나님께 바치라고 하셨다. 그리고 하나님께서는 온전한 십일조를 드려 축복하지 않는지 시험해 보라고 하시면서 복을 쌓을 곳이 없도록 부어주실 것을 약속해 주셨다(말 3:10). 십일조를 드리는 것은 우리가 하나님께로 돌아가 우리의 것이 모두 하나님의 것이라는 고백과 함께 우리 자신과 우리에게 속한 모든 것을 맡긴다는 의미가 있다.

예수님께서도 공생애 기간 동안에 바리새인들을 질책하는 과정에서 "이것도 행하고 저것도 버리지 말아야 할지니라"고

하셨는데 '저것도' 곧 공의와 하나님에 대한 사랑도 버리지 말아야 하지만 '이것도' 곧 십일조도 행하라고 하셨다(눅 11:42). 십일조는 하나님의 백성들이 마땅히 해야 할 의무이다.

2) 성도는 다른 성도와 교제한다. 어떻게 하는가?

요일 1:6-7 "만일 우리가 하나님과 사귐이 있다 하고 어둠에 행하면 거짓말을 하고 진리를 행하지 아니함이거니와 그가 빛 가운데 계신 것같이 우리도 빛 가운데 행하면 우리가 서로 사귐이 있고 그 아들 예수의 피가 우리를 모든 죄에서 깨끗하게 하실 것이요"

엡 4:16 "그에게서 온몸이 각 마디를 통하여 도움을 받음으로 연결되고 결합되어 각 지체의 분량대로 역사하여 그 몸을 자라게 하며 사랑 안에서 스스로 세우느니라"

성도가 하나님과의 사귐을 가진다면 다른 성도와의 교제를 가지는 것이 당연하다. 하나님과 나와의 교제가 있고 하나님과

너와의 교제가 있다면 당연히 나와 너와의 교제가 없을 수 없다. 따라서 하나님과 사귐이 있다고 하면서 어둠에 행하면 그것은 거짓말을 하고 진리를 행하지 아니하는 것이다(요일 1:6-7). 이 말씀에서 어둠에 행한다는 것은 형제를 미워하는 것을 말한다.

하나님은 빛이시며 빛 가운데 계신다. 즉, 하나님은 사랑이시며 그 사랑으로 우리를 사랑하신다. 이와 같이 우리 성도들도 빛 가운데 행하면 서로 사랑의 사귐을 가져야 한다.

또 성도들은 성도간의 교제 속에서 하나님의 일을 함으로써 교회인 그리스도의 몸을 세워야 한다. 그리스도의 몸이 지체(성도)들 간의 교제(마디)를 통하여 주님(그)이 주시는 도움을 받음으로써 연결되고 결합되고 각 지체는 은사의 분량에 따라 활동함으로써 그리스도의 몸을 자라게 하고 사랑 안에서 세우는 것이다(엡 4:16). 성도들은 서로 다를지라도 교제를 통하여 하나가 되어 하나님의 일을 할 때 더 넓은 섬김의 자리에 들어갈 수 있다. 섬김은 그리스도의 몸을 세우기 위한 하나님의 일 그리고 복음 전파로 실현된다.

(1) 서로 섬긴다

① 서로 사랑한다

    요 13:34 "새 계명을 너희에게 주노니 서로 사랑하라 내가 너희를 사랑한 것같이 너희도 서로 사랑하라"

    엡 5:2 "그리스도께서 너희를 사랑하신 것같이 너희도 사랑 가운데서 행하라 그는 우리를 위하여 자신을 버리사 향기로운 제물과 희생제물로 하나님께 드리셨느니라"

    엡 4:2 "모든 겸손과 온유로 하고 오래 참음으로 사랑 가운데서 서로 용납하고"

예수님께서 떠나시기 전에 제자들을 모아놓고 몸소 제자들의 발을 씻기시며 섬김의 모습을 보여주셨다. 그리고 이어서 가르치기 시작하셨는데 가르침의 첫째는 서로 사랑하라는 것이었다. "내가 너희를 사랑한 것같이 너희도 서로 사랑하라"는 것이다(요 13:34). 사랑은 먼 데서부터 시작하는 것이 아니고 오히려 가까운 데에서부터 시작하여 그 영역을 넓혀가는 것이다. 바울도 예수님의 가르치심에 따라 그리스도께서 우리를 사랑하신 것같이 우리도 사랑 가운데서 행해야 한다고 가르쳤다(엡 5:2). 우리도 가까운 데에 있는 형제와 자매 그리고 성도들을 먼저 사랑할 줄 알아야 한다.

사랑은 기본적으로 허물 많은 서로를 겸손과 온유로 그리고 오래 참음으로 용납하는 것이다(엡 4:2). 겸손이란 하나님을 의지하기 때문에 다른 사람을 낫게 여기는 마음이고, 온유란 하나님에게 길들여졌기 때문에 강하지만 자신을 주장하지 않는 마음을 말한다. 오래 참음은 죄인들에게 보여주신 하나님의 인내, 즉 거역하는 자들에게 보복하지 않는 자비를 말한다.

② 덕을 세운다

롬 14:18-19 "이로써 그리스도를 섬기는 자는 하나님을 기쁘시게 하며 사람에게도 칭찬을 받느니라 그러므로 우리가 화평의 일과 서로 덕을 세우는 일을 힘쓰나니"

롬 15:1-2 "믿음이 강한 우리는 마땅히 믿음이 약한 자의 약점을 담당하고 자기를 기쁘게 하지 아니할 것이라 우리 각 사람이 이웃을 기쁘게 하되 선을 이루고 덕을 세우도록 할지니라"

그리스도를 섬기는 자는 반드시 화평하는 일과 덕을 세우는 일에 힘써야 한다(롬 14:18-19). 믿음이 강한 자가 믿음이 약한 자의 약점을 담당하고 자기를 기쁘게 하지 아니하고 덕을 세워야 한다(롬 15:1-2). '덕을 세운다'는 원래 '집을 세운다'는 뜻을 가지고 있다. 즉, 교회를 세운다는 뜻이다. 따라서 덕을 잃는다는 것은 교회에 상처를 준다는 것을 의미하기도 한다.

성도들을 화평하게 하는 일과 덕을 세우는 일은 밀접한 관계를 가지고 있다. 성도들은 혼자서만 영적으로 성장하는 것이 아니라 함께 성장해 나아가야 한다. 또 믿음이 강한 자가 자기를 기쁘게 하기 위하여 믿음이 약한 자의 약점을 드러내어 비판하면 성도 간에 화평을 이루기가 어렵다. 그뿐만 아니라 온전한 교회도 세우기가 어렵게 된다.

일반적으로 사람들은 서로의 문제점을 찾아서 해결하거나

고치면 성도가 잘 세워질 것이라고 생각지만 교회를 세우는 일은 그렇지가 않다. 덕을 세우기 위해서는 서로의 좋은 점을 볼 줄 알아야 한다. 누구에게나 약점이 있지만 그것을 말하지 않고 오히려 좋은 점을 칭찬의 말로 드러내는 것이 덕을 세우는 것이다. 그리고 약점은 마음속 깊은 곳에 담아가지고 가서 중보기도해 주어야 한다. 이것이 약점을 담당하는 것이다.

③ 말로써 은혜를 끼친다

약 3:2 "우리가 다 실수가 많으니 만일 말에 실수가 없는 자라면 곧 온전한 사람이라 능히 온몸도 굴레 씌우리라"

엡 4:25 "그런즉 거짓을 버리고 각각 그 이웃과 더불어 참된 것을 말하라 이는 우리가 서로 지체가 됨이라"

엡 4:29 "무릇 더러운 말은 너희 입 밖에도 내지 말고 오직 덕을 세우는 데 소용되는 대로 선한 말을 하여 듣는 자들에게 은혜를 끼치게 하라"

엡 4:31 "너희는 모든 악독과 노함과 분냄과 떠드는 것
과 비방하는 것을 모든 악의와 함께 버리고"

엡 5:4 "누추함과 어리석은 말이나 희롱의 말이 마땅치
아니하니 오히려 감사하는 말을 하라"

딤후 2:14 "너는 그들로 이 일을 기억하게 하여 말다툼
을 하지 말라고 하나님 앞에서 엄히 명하라 이는 유익
이 하나도 없고 도리어 듣는 자들을 망하게 함이라"

교회 안에서 덕을 세우는 데 있어서 말은 대단히 중요하다. 야고보서 3장 2절에는 "말에 실수가 없는 자라면 온전한 사람"이라고 할 정도로 말의 중요성을 강조하고 있다.

에베소서에는 성도가 빛의 자녀로서 해야 할 말과 하지 말아야 할 말에 대한 구체적인 가르침이 있다. 우리가 거짓말을 버리고 참된 것을 말해야 하는 이유는, 우리는 빛의 자녀인 동

시에 지체이기 때문이다(엡 4:25). 더러운 말 대신에 선한 말을 함으로써 듣는 자들에게 은혜를 끼쳐야 한다(엡 4:29).

에베소서 4장 31절에 열거된 악독, 노함, 분냄, 떠드는 것, 비방 그리고 에베소서 5장 4절에 열거된 누추함, 어리석은 말, 희롱의 말은 모두 잘못된 말을 가리킨다. 악독(bitterness)은 모진 마음이나 화를 잘 내는 성질 때문에 나타나는 독한 말이고, 노함(wrath)은 성질이 사나워 울화가 치밀어 올라 나오는 말이다. 분냄(anger)은 분개하는 마음을 표현하는 말, 떠드는 것(clamor)은 분을 분출하는 말, 그리고 비방(evil speaking)은 남을 헐뜯거나 비난하는 말을 의미한다. 누추함(filthiness)은 부끄럼을 모르고 버릇없이 하는 상스러운 말이나 행동, 어리석은 말(foolish talking)은 어리석고 야비하면서도 악의가 들어 있는 말, 희롱(jesting)은 저속하고 경박하여 죄를 가볍게 생각하도록 만들어 주는 말이다. 성도는 마땅히 이러한 말들을 버리고 참말, 은혜를 끼칠 수 있는 선한 말, 감사하는 말을 해야 한다는 것이다.

지체간의 협력을 통하여 하나님의 일(사역)을 하는 데 있어서 무엇보다 중요한 것은 성도 간의 화평이다. 디모데후서 2장 14절에 "그들로 말다툼을 하지 말라고 엄히 명하라"에서 '그들'

은 충성된 일꾼을 가리킨다. 여기에서 말다툼이란 충성된 일꾼들 사이에서 일어난 말다툼을 말한다. 이러한 말다툼은 화평을 깨뜨려 지체간의 협력을 방해하기 때문에 중지되어야 한다. 비록 좋은 목적과 내용 때문에 다툼이 발생하였다고 할지라도 말다툼에는 마귀가 틈을 타고 들어와서 사역을 교란시키고 그리스도의 몸에 상처를 주기 때문에 말다툼을 참는 것 자체가 하나님의 일을 이루어 가는 노력이라고 할 수 있다.

④ 삶을 나눈다

행 2:42 "그들이 사도의 가르침을 받아 서로 교제하고 떡을 떼며 오로지 기도하기를 힘쓰니라"

행 2:46 "날마다 마음을 같이하여 성전에 모이기를 힘쓰고 집에서 떡을 떼며 기쁨과 순전한 마음으로 음식을 먹고"

롬 15:26 "이는 마게도냐와 아가야 사람들이 예루살렘 성도 중 가난한 자들을 위하여 기쁘게 얼마를 연보하였음이라"

갈 2:9 "또 기둥 같이 여기는 야고보와 게바와 요한도 내게 주신 은혜를 알므로 나와 바나바에게 친교의 악수를 하였으니 우리는 이방인에게로, 그들은 할례자에게로 가게 하려 함이라"

성도의 삶을 나누는 것은 교제의 대단히 중요한 부분이다. 성도들은 떡과 음식을 나누는 것(행 2:46)으로부터 시작하여 물질(롬 15:26), 마음과 생각(갈 2:9), 그리고 말씀(행 2:42)을 나눈다. 사도행전 2장 42절에 "사도의 가르침을 받아 서로 교제하며"에서 특별히 '교제하며'는 사도들의 가르침을 받은 후에 말씀을 가지고 서로 삶을 나누는 것을 의미한다.

갈라디아서 2장 9절은 바울이 예루살렘에 올라가서 사도들을 만나 복음 전파에 대한 계획을 수립하면서 가진 교제의 모습을 보여주고 있다. 여기에서 예루살렘의 사도들은 유대인 전도를, 그리고 바울과 바나바는 이방인 전도를 맡기로 교제 가운데서 결정하였다.

⑤ 서로 중보기도해 준다

> **눅 22:32** "그러나 내가 너를 위하여 네 믿음이 떨어지지 않기를 기도하였노니 너는 돌이킨 후에 네 형제를 굳게 하라"

> **엡 6:18** "모든 기도와 간구를 하되 항상 성령 안에서 기도하고 이를 위하여 깨어 구하기를 항상 힘쓰며 여러 성도를 위하여 구하라"

중보기도는 성도간의 깊은 교제를 나눌 수 있는 길이다. 자신의 연약한 부분, 때로는 부끄러운 부분을 모두 노출시키지 않으면 중보기도는 깊어질 수 없다. 예수님께서는 십자가에 달리시기 전에 제자들을 위하여 중보기도를 하셨고(눅 22:32), 바울은 에베소 교인들에게 영적 싸움에 승리하기 위하여 서로 중보기도를 할 것을 당부하였다(엡 6:18).

사역한다

1) 성도들은 모두 언약의 계승자이다

(1) 하나님께서는 이스라엘 백성을 먼저 언약의 계승자로 세우셨다

창 22:18 "또 네 씨로 말미암아 천하 만민이 복을 받으리니 이는 네가 나의 말을 준행하였음이니라 하셨다 하니라"

창 26:4 "네 자손을 하늘의 별과 같이 번성하게 하며

이 모든 땅을 네 자손에게 주리니 네 자손으로 말미암아 천하 만민이 복을 받으리라"

창 28:14 "네 자손이 땅의 티끌같이 되어 네가 서쪽과 동쪽과 북쪽과 남쪽으로 퍼져나갈지며 땅의 모든 족속이 너와 네 자손으로 말미암아 복을 받으리라"

행 3:25 "너희는 선지자들의 자손이요 또 하나님이 너희 조상과 더불어 세우신 언약의 자손이라 아브라함에게 이르시기를 땅 위의 모든 족속이 너의 씨로 말미암아 복을 받으리라 하셨으니"

그리스도인은 예수님을 구세주로 영접하여 구원받는 것으로 출발한다. 구원받은 그리스도인은 말씀에 따라 살고, 기도하며, 교제한다. 그러나 그리스도인은 여기에서 머무르지 말고 섬김의 자리에까지 들어가야 한다. 하나님께서는 그리스도의 몸 곧 교회를 세우기 위하여 섬기는 자를 찾고 계신다. 하나님께서는 성도들을 섬기는 자로 세우기 위하여 이미 아브라함에게 그리스도를 통하여 구원받아야 할 것을 약속하시면서 이 언약(창 22:18)을 그의 후손들에게 계승하기를 원하셨다.

이 언약을 계승받은 첫 번째 사람은 이삭이었다. 이삭이 흉년으로 인하여 블레셋 땅으로 피신하였을 때 블레셋 사람들로부터 많은 핍박을 받았다. 이 곤고한 때 하나님께서는 이삭에게 아브라함에게 주셨던 "네 자손으로 말미암아 천하 만민이 복을 받으리라"는 언약의 말씀을 들려주셨는데 이것은 이삭에게 그의 정체성 곧 언약의 계승자임을 깨우치기 위한 것이었다.

또 야곱은 형 에서의 눈을 피하여 삼촌 라반의 집으로 가는 도중에 벧엘의 들판에서 하룻밤을 지내야 하는 곤고한 때에 하나님께서는 야곱을 찾아오셔서 아브라함에게 하셨던 언약의 말씀인 "땅의 모든 족속이 너와 네 자손으로 말미암아 복을 받으리라"는 말씀을 들려주셨는데, 이것도 하나님께서는 야곱이 언약의 계승자임을 일깨워 주셨던 사건이다.

베드로는 이러한 하나님의 뜻을 알고 있었던 것으로 보인다. 베드로가 유대인을 향하여 처음으로 설교할 때 유대인들을 언약의 자손이라고 부르면서 아브라함과의 언약의 말씀을 들려주었다(행 3:25). 분명히 하나님께서는 유대인을 언약의 계승자로 세우셨다.

(2) 하나님께서는 이방인도 언약의 계승자로 세우셨다

> **엡 2:12** "그때에 너희는 그리스도 밖에 있었고 이스라엘 나라 밖의 사람이라 약속의 언약들에 대하여는 외인이요 세상에서 소망이 없고 하나님도 없는 자이더니"

> **엡 2:19** "그러므로 이제부터 너희는 외인도 아니요 나그네도 아니요 오직 성도들과 동일한 시민이요 하나님의 권속이라"

> **엡 3:6** "이는 이방인들이 복음으로 말미암아 그리스도 예수 안에서 함께 상속자가 되고 함께 지체가 되고 함께 약속에 참여하는 자가 됨이라"

언약의 계승은 유대인에서 끝나지 않고 이방인에게 이어지고 있음을 볼 수 있다. 에베소서 2장을 보면 이방인들은 그때에 약속의 언약들과 상관없는 외인이었지만(엡 2:12) 그리스도의 피로 이방인과 유대인 사이의 막힌 담을 허시고 하나가 되게 하셨고(엡 2:14-18) 이제부터는 하나님의 약속의 언약에 대하여 외인이 아니라고 하셨다(엡 2:19).

결론적으로 에베소서 3장 6절 말씀은 이방인들도 그리스도 예수 안에서 유대인과 함께 상속자가 되고 유대인과 함께 지체가 되고 유대인과 함께 약속에 참여하는 자가 된다고 증거하고 있다. 하나님께서는 이방인도 언약의 계승자로 삼으셨음을 보여주고 있는 것이다. 우리는 언약의 계승자로서 사역과 섬김의 자리로 나아가야 한다.

2) 온전한 지체를 세우는 목적은 무엇인가?

(1) 봉사(사역)하여 그리스도의 몸을 세우기 위함이다

> **엡 4:11-12** "그가 어떤 사람은 사도로, 어떤 사람은 선지자로, 어떤 사람은 복음 전하는 자로, 어떤 사람은 목

사와 교사로 삼으셨으니 이는 성도를 온전하게 하여 봉사의 일을 하게 하며 그리스도의 몸을 세우려 하심이라"

그리스도인들은 언약의 계승자로서 그리스도의 몸 곧 교회를 세우는 일을 해야 한다. 예수님께서는 그리스도의 몸을 세우기 위하여 먼저 교회의 영적 지도자들을 세우신다. 예수님(그)은 은사에 따라 어떤 사람은 사도로, 어떤 사람은 선지자로, 어떤 사람은 복음 전하는 자로, 어떤 사람은 목사와 교사로 세우신다. 예수님께서 이렇게 하신 목적은 교회의 지도자들로 하여금 성도를 온전하게 하고 봉사의 일을 하게 하여 그리스도의 몸을 세우려는 데 있다.

여기에서 '성도를 온전하게 한다'는 것은 성도를 구비시켜 일꾼으로 세운다는 뜻이고, '봉사'는 섬김과 사역이라는 뜻이다. 그래서 에베소서 4장 11-12절은 먼저 목회자들이 평신도를 구비시킴으로써 온전한 사역자로 세우고 다음은 평신도 사역자들을 능동적으로 사역에 참여하게 함으로써 그리스도의 몸을 세운다는 뜻이다. 이것이 교회를 세우는 성경적 원리이다. 그리스도의 몸을 세우는 일은 집을 짓는 것에 비유할 수 있다. 집을 짓기 위해서는 주춧돌, 기둥, 석가래, 창문이 있어야 함과 같이 그리스도의 몸을 세우기 위해서 성도들도 은사에 따라 다양하게 쓰임 받을 수 있도록 세워져야 한다.

온전한 그리스도의 몸을 세우기 위한 사역구조를 다음 도표에서와 같이 요약할 수 있다.

성령의 역사
↓(기도)

불신자 → 새 교우 → 교인 → 성도 → 지체 → 그리스도의 몸
(인도)　　(정착)　　(구원)　(구비)　(사역)
↑
재정, 재산, 운영, 행사

교회에서 가장 중심적인 사역은 사람을 키워 그리스도의 몸을 세우는 것이다. 불신자들이 인도받아 처음 교회에 나오게 되면 새 교우가 되고 새 교우는 정착과정을 거쳐 일단 명목상의 교인이 된다. 명목상의 교인들은 어서 속히 구원사역을 통해 구원받아야 한다. 명목상의 교인들이 구원받지 못한 상태에 너무 오래 머물다가 구원이 지연되거나 그 상태에서 직분이

라도 받게 되면 구원받기 어려워진다.

　명목상의 교인이 구원받으면 성도가 된다. 이때부터 영적 눈이 열리고 믿음의 삶을 시작하는 셈이다. 그러나 그들은 세상에서 터득한 세속주의 때문에 사역을 감당하기에는 영적으로 아직 어리다. 성도는 사역을 시작하기 전에 먼저 사역할 수 있도록 양육과 훈련을 통하여 구비되어야 한다.

　만약 성도가 온전한 지체로 구비되지 못한 상태에서 사역을 시작하게 되면 하나님의 뜻을 따르기보다는 자신의 인간적인 의지와 생각을 앞세우기 쉽다. 사역을 하나님 중심으로 하지 아니하고 자기중심으로 하면 오히려 그리스도의 몸을 훼손시킬 수 있다. 구비된 지체는 불신자 인도, 새 교우 정착, 구원사역과 구비사역을 감당할 수 있다.

　지체들이 사역을 할 때 조심해야 할 것이 몇 가지 있다. 특별히 분에 넘치는 사역을 시도하거나 소유하고자 하는 욕심과 실적주의를 앞세워 사역을 효율적 관점에서 수행하려는 열정을 성도는 조심해야 한다. 그래서 지체는 사역을 위해서 기도함으로써 성령님의 인도를 받아야 한다. 사역은 인간 편에서 일방적으로 수행한 일을 하나님께 바치는 것이 아니다. 사역은 하나님 나라 곧 그리스도의 몸을 세우기 위하여 하나님의 인도하심에 따라 하는 일이다.

사역을 뒷받침하기 위해서는 재정운영, 재산관리, 교회운영 및 행사가 중요하다. 그러나 이러한 것들이 교회의 주목적이 되어서는 안 된다. 예를 들어 교회 건축이 중요하지만 교회 건축은 주목적이 아니다. 교회의 목적은 언제나 그리스도의 몸을 세우는 데 있다. 이와 같이 건강한 교회의 사역구조는 기도를 통한 영적 사역, 지체를 세우는 양육 및 훈련사역 그리고 이러한 사역을 뒷받침하는 운영으로 구성된다.

(2) 그리스도인의 삶을 통하여 복음을 전파하기 위함이다

마 4:19 "말씀하시되 나를 따라오라 내가 너희를 사람을 낚는 어부가 되게 하리라 하시니"

마 5:13-14 "너희는 세상의 소금이니 소금이 만일 그 맛을 잃으면 무엇으로 짜게 하리요 후에는 아무 쓸 데 없어 다만 밖에 버려져 사람에게 밟힐 뿐이니라 너희는

세상의 빛이라 산 위에 있는 동네가 숨겨지지 못할 것이요"

행 1:8 "오직 성령이 너희에게 임하시면 너희가 권능을 받고 예루살렘과 온 유대와 사마리아와 땅 끝까지 이르러 내 증인이 되리라 하시니라"

성도들이 지체들로 세움 받아야 하는 두 번째 목적은 구비된 평신도들이 삶을 통하여 가정과 직장과 같은 삶의 현장에서 복음 전파의 열매를 맺게 하고자 하는 데 있다. 지체들은 가정에서나 직장에서의 삶 자체를 복음 전파를 위한 사역으로 이해해야 한다. 말하는 것, 일하는 것, 사람과의 관계를 유지하는 것, 전도하는 것, 복음 제시하는 것이 모두 사역이다. 지체는 사람을 낚는 어부로서(마 4:19), 빛과 소금으로서(마 5:13-14), 그리고 복음을 전하는 증인으로서(행 1:8)의 삶을 구현할 수 있어야 한다.

3) 온전한 지체는 어떻게 세워져야 하는가?

(1) 지체의식으로 구비되어야 한다

① 그리스도의 몸을 이루는 지체는 다양하다

고전 12:12 "몸은 하나인데 많은 지체가 있고 몸의 지체가 많으나 한 몸임과 같이 그리스도도 그러하니라"

② 다양한 지체가 일치해야 한다

엡 4:1-6 "그러므로 주 안에서 갇힌 내가 너희를 권하노니 너희가 부르심을 받은 일에 합당하게 행하여 모든 겸손과 온유로 하고 오래 참음으로 사랑 가운데서 서로 용납하고 평안의 매는 줄로 성령이 하나 되게 하신 것을 힘써 지키라 몸이 하나요 성령도 한 분이시니 이와 같이 너희가 부르심의 한 소망 안에서 부르심을 받았느니라 주도 한 분이시요 믿음도 하나요 세례도 하나요 하나님도 한 분이시니 곧 만유의 아버지시라 만유 위에 계시고 만유를 통일하시고 만유 가운데 계시도다"

지체는 지체의식으로 구비되어야 한다. 지체의식이란 다양한 지체가 하나가 되고자 하는 마음가짐을 말한다. 그리스도의 몸은 하나인데 그 몸 안에는 많은 지체가 있다(고전 12:12). 우리 몸에도 다양한 지체가 있는 것처럼 그리스도의 몸에도 다양한 지체가 있다. 지체가 성령을 통하여 주신 은사에 따라 역할은 다르지만 서로 존중하고 협력하면서 하나로 조화되어 아름다운 하나의 공동체로서 그리스도의 몸을 세우는 것을 하나님께서는 기뻐하신다. 이것이 부르심을 받은 일에 합당하게 행하는 것이다(엡 4:1).

모든 겸손과 온유로 하고 오래 참음으로 사랑 가운데서 서로 용납할 때 우리는 평안의 매는 줄로 성령이 하나 되게 하신 것을 힘써 지킬 수 있다. 다양한 지체가 일치해야 한다. 에베소서 4장 4-6절에 몸이 하나, 성령도 한 분, 한 소망, 주도 한 분, 믿음도 하나, 세례도 하나, 하나님도 한 분이라고 한 것은 다양한 지체가 하나 되어야 할 것을 강조하고 있는 것이다.

스티븐스(Paul Stevens)는 그의 공저 《평신도를 세우는 목회자》(The Equipping Pastor)에서 다양성과 일치에 따라 네 가지 유형의 교회 모형을 제시하였다. 첫 번째 교회는 다양성은 있지만 일치가 안 되는 교회이다. 은사에 따른 지체들의 다양성은 개발되었지만 지체간의 일치가 이루어지지 않는다면 교회는 분열되기 쉽다. 스티븐스는 이러한 교회를 '꽃다발 교회'라고 하였다. 이러한 교회는 꽃들이 다발로 묶여 있지만 결코 하나로 되지 못하고 갈라지는 것처럼 지체간의 협력이 이루어지지 않고 갈등이 생기기 쉽다.

두 번째 교회는 지체들의 은사개발을 통한 평신도 사역자를 세우는 일보다는 지도자의 주도적인 의도에 따라 몇 가지 관심 있는 일에만 집중하는 교회이다. 이러한 교회는 겉으로는 하나가 된 것처럼 보이지만 다양성이 낮기 때문에 건강한 교회라고 할 수 없다. 스티븐스는 이러한 교회를 '획일적 교회'라고 하였다.

세 번째 교회는 다양성도 미흡하고 일치도 잘 안 되는 교회이다. 이러한 교회에서는 성도들이 자기중심적인 특징과 주장하는 자세를 보이며 권위주의와 계급주의가 팽배해진다. 성도들이 쉽게 상처 받고, 쉽게 불평하는 어린애와 같은 모습을 보인다. 스티븐스는 이러한 교회를 '유아기 교회'라고 하였다.

  네 번째 교회는 은사개발을 통하여 세워진 다양한 지체들이 일치하여 협력하고 조화함으로 건강한 그리스도의 몸을 세우는 교회이다. 이것은 마치 다양한 악기를 연주하는 연주가들이 하나가 되어 멋진 교향곡을 연주해 내는 것과도 같다. 다양한 지체들이 서로 다른 모양으로 서로 존중하고 세우고 협력하며 하나님의 일을 할 때 교회는 복음의 능력을 나타내는 건강한 교회가 된다.

  교회 안에서 가장 경계해야 하는 것 중의 하나가 집단의식이다. 집단의식을 가지고 일하는 사람은 겉으로는 열심히 열정적으로 일하는 모습을 보이기 때문에 좋아 보인다. 그러나 집단의식에는 이기주의가 포함되어 있기 때문에 집단의식을 가지고 사역을 하면 사역을 하나님의 관점에서 보지 않고 자기의 관점에서 보기 쉽다. 그 결과 지체 간에 협력은 잘 안 되고 다양성은 받아들여지지 않기 때문에 건강한 교회를 세우기가 대단히 어려워진다.

(2) 구비되어야 한다

① 말씀으로 구비되어야 한다

> **엡 4:13** "우리가 다 하나님의 아들을 믿는 것과 아는 일에 하나가 되어 온전한 사람을 이루어 그리스도의 장성한 분량이 충만한 데까지 이르리니"

군사가 훈련받고 무장되어야 전쟁에 임할 수 있는 것처럼 성도들도 온전한 지체로 세움 받아 그리스도의 몸을 세우는 역할을 담당하기 위해서는 구비(무장)되어야 한다. 에베소서 4장 13절은 성도를 구비시키는 것이 무엇으로부터 출발해야 하는지를 말해주고 있다. 성도가 온전케 되기 위해서는 하나님의 아들을 믿는 믿음과 하나님의 아들을 아는 말씀에 하나가 되어야 그리스도의 장성한 분량이 충만한 데까지 이를 수 있다는 것이다. '그리스도의 장성한 분량이 충만한 데까지 이른다'는 말씀은 그리스도의 사랑과 인격을 우리 육체에 담아 육체를 통하여 그리스도의 형상을 나타내기까지 성숙해지는 것을 말한다.

그리고 '하나님을 아는 일과 믿는 일에 하나가 된다'는 것은 말씀이 머리로만 이해되는 지적 수준의 지식이 아니고 그 말씀이 믿어지고 삶 속에서 경험되는 지식을 의미한다. 신앙이 없이 지식(말씀)만 있다면 성도는 이성주의에 빠지기 쉽고, 반대로 말씀이 없이 신앙만 있다면 성도는 신비주의에 빠지기 쉽다. 지체는 먼저 믿음으로 소화된 말씀으로 구비되어야 한다.

② 사랑으로 성숙되어야 한다

엡 3:16-19 "그의 영광의 풍성함을 따라 그의 성령으로 말미암아 너희 속사람을 능력으로 강건하게 하시오며 믿음으로 말미암아 그리스도께서 너희 마음에 계시게 하시옵고 너희가 사랑 가운데서 뿌리가 박히고 터가 굳어져서 능히 모든 성도와 함께 지식에 넘치는 그리스도의 사랑을 알고 그 너비와 길이와 높이와 깊이가 어떠함을 깨달아 하나님의 모든 충만하신 것으로 너희에게 충만하게 하시기를 구하노라"

지체는 사랑으로 성숙되어야 한다. 에베소서 3장 16-19절은 에베소 교인들이 사역에 임하기 전에 사랑으로 성숙되기를 원하는 소원을 담은 바울의 기도이다.

성도가 사랑으로 성숙되기 위해서는 첫 번째 단계로 성령으로 말미암아 속사람이 능력으로 강건해져야 한다. 인간에게는 두 가지 자아가 있다. 하나는 죄성을 담고 있는 육신이고, 다른 하나는 성령의 인도함을 받을 만한 속사람이다. 육신이 강해지면 자기 사랑이 앞서기 때문에 그리스도의 사랑으로 성숙되기 어렵다.

두 번째 단계로 속사람이 강건해져야 믿음으로 말미암아 그리스도께서 우리 마음에 계시게 할 수 있다.

그리고 세 번째 단계로 그리스도가 우리 마음에 계시게 될 때 우리는 사랑 가운데서 뿌리가 박히고 터가 굳어져서 지식에 넘치는 그리스도의 사랑을 알게 된다. 우리는 인간의 지식으로는 깨달을 수 없는 그 사랑의 너비, 길이, 높이, 깊이를 깨달아 알게 되고 하나님의 충만하신 것 곧 사랑으로 충만하게 된다. 바울은 에베소 교인들이 그러한 사랑으로 성숙되기를 기도하였다.

③ 은사로 구비되어야 한다

롬 12:6-8 "우리에게 주신 은혜대로 받은 은사가 각각 다르니 혹 예언이면 믿음의 분수대로, 혹 섬기는 일이면 섬기는 일로, 혹 가르치는 자면 가르치는 일로, 혹 위로하는 자면 위로하는 일로, 구제하는 자는 성실함으로, 다스리는 자는 부지런함으로, 긍휼을 베푸는 자는 즐거움으로 할 것이니라"

고전 12:8-11 "어떤 사람에게는 성령으로 말미암아 지혜의 말씀을, 어떤 사람에게는 같은 성령을 따라 지식의 말씀을, 다른 사람에게는 같은 성령으로 믿음을, 어떤 사람에게는 한 성령으로 병 고치는 은사를, 어떤 사람에게는 능력 행함을, 어떤 사람에게는 예언함을, 어떤 사람에게는 영들 분별함을, 다른 사람에게는 각종 방언 말함을, 어떤 사람에게는 방언들 통역함을 주시나니 이 모든 일은 같은 한 성령이 행하사 그의 뜻대로 각 사람에게 나누어 주시는 것이니라"

지체는 은사로 구비되어야 한다. 은사는 성도에 따라 다를 뿐 성도에게는 누구에게나 있다. 예수님을 영접하여 그리스도인이 된 성도는 먼저 자기의 은사를 찾기 위하여 노력해야 한다. 기도하면서 자기가 잘하고 좋아하고 마음으로 하고 싶은 것이 무엇인지 살피는 것이 중요하다.

또 성도들끼리 서로 좋은 점과 잘하는 것을 칭찬을 통하여 드러내는 것도 중요하다. 이러한 과정을 통하여 은사를 찾는 일에 서로 도움을 줄 수 있다.

다음으로 성도가 자기 은사를 찾으면 그 은사를 개발해야 한다. 그래서 성도는 그 은사를 이용하여 하나님의 일을 하도록 노력해야 한다. 로마서 12장 6-8절과 고린도전서 12장 8-11절에는 여러 가지 은사가 명시되어 있다.

④ 훈련되어야 한다

> 막 3:13-15 "또 산에 오르사 자기가 원하는 자들을 부르시니 나아온지라 이에 열둘을 세우셨으니 이는 자기와 함께 있게 하시고 또 보내사 전도도 하며 귀신을 내

쫓는 권능도 가지게 하려 하심이러라"

성도들이 온전한 지체로 세워지기 위해서는 훈련을 받아야 한다. 예수님께서도 열두 제자를 부르시고 그들을 훈련시키셨다. 훈련의 첫 단계는 예수님께서 제자들과 함께 있었던 것처럼 함께 있는 것이다. 성도들은 함께 있으면서 시행착오를 통해서 다듬어지고 연단되어 온전한 지체로 세워질 수 있다.

세워진 후에는 보냄을 받아 하나님의 일을 하는 것이다. 예수님께서는 열두 제자를 보내사 전도도 하게 하시고 귀신을 내쫓는 권능도 가지도록 훈련시키셨다.

4) 가정은 온전한 지체로 세워져야 한다

(1) 남편과 아내의 관계

① 부부는 한 지체이다

엡 5:21 "그리스도를 경외함으로 피차 복종하라"

창 2:24 "이러므로 남자가 부모를 떠나 그의 아내와 합하여 둘이 한 몸을 이룰지로다"

엡 5:30-31 "우리는 그 몸의 지체임이라 그러므로 사람이 부모를 떠나 그의 아내와 합하여 그 둘이 한 육체가 될지니"

    그리스도인의 가정은 그리스도의 몸을 세우는 온전한 지체로 세워져야 한다. 따라서 그리스도인의 가정은 인간이 원하는 가정이기보다는 먼저 하나님께서 원하시는 가정이 되어야 한다. 그러한 가정을 이루는 성경적 원리는 그리스도를 경외함으로 피차 복종하는 것이다(엡 5:21). 일반적으로 에베소서 5장 21절은 앞 단락의 마지막 구절로 쓰여 있지만 어떤 성경(비전성경)에서는 다음 단락의 첫 구절로 쓰여 있는데 여기에는 특별한 의미가 있다. 그리스도 안에서의 모든 인간관계의 기본 원리는 그리스도를 경외함으로 서로 복종하는 것이다. 여기에서 '경외'는 공경하고 어려워한다는 뜻이다. 그리스도를 경외하기 때문에 서로 복종하는 것이다. 복종의 의미도 무조건 하라는 대로 하는 것이라기보다는 하나님께서 세우신 질서에 순응하는 것이다.

하나님께서는 부부를 한 지체로 세우셨다. 하나님께서 여자를 만드신 다음에 하와를 아담에게 데리고 와서 남편과 아내는 '한 몸'임을 선포하셨는데 이것은 '한 지체'임을 말하는 것이다(창 2:24).

에베소서 5장 30-31절에서도 남편과 아내가 합하여 한 몸을 이루어야 하는 이유는 부부가 한 지체이기 때문이라고 하였다. 에베소서 5장 21-33절은 부부가 한 지체가 되는 방법을 보여주고 있다. 그것은 간단하게 말하면 복종과 사랑으로 표현되고 있지만 복종과 사랑은 자기 포기를 의미한다.

② 하나님께서는 남편에게 영적 권위를 부여해 주셨다

> **엡 5:23** "이는 남편이 아내의 머리 됨이 그리스도께서 교회의 머리 됨과 같음이니 그가 바로 몸의 구주시니라"

창 3:9 "여호와 하나님이 아담을 부르시며 그에게 이르시되 네가 어디 있느냐"

바울은 남편과 아내의 관계를 그리스도와 교회의 관계에 비유하였다. 남편을 그리스도에게 비유하고 아내를 교회에 비유하였다. 그리스도가 교회의 머리인 것처럼 남편은 아내의 머리라는 것이다(엡 5:23). 이것은 남편에게 영적 권위가 있음을 보여 주는 것이다. 하나님께서는 사람을 창조하실 때 남자를 먼저 지으심으로 남편에게 영적 권위를 부여하셨다. 아담과 하와가 뱀의 유혹을 받아 하나님께서 금하시는 선악과를 따 먹고 숨었을 때에도 하나님께서는 "아담아, 네가 어디 있느냐?"라고 하시며 아담을 찾으셨다(창 3:9).

이와 같이 하나님께서 하와가 먼저 죄를 지었는데도 불구하고 하와를 찾지 않으시고 남편인 아담을 찾아 책임을 물으신 것은 아담에게 영적 권위가 있음을 보여 주는 것이다.

③ 교회가 그리스도에게 복종하듯 아내는 남편에게 복종한다

엡 5:22 "아내들이여 자기 남편에게 복종하기를 주께 하듯 하라"

엡 5:24 "그러므로 교회가 그리스도에게 하듯 아내들도 범사에 자기 남편에게 복종할지니라"

성경은 아내들을 향하여 남편에게 복종하기를 교회가 그리스도에게 하듯 하라고 말씀하고 있다. 여기에서 복종이라는 의미는 첫째로 남편의 영적 권위를 인정하고, 둘째로는 남편 앞에서 자기를 포기하는 것을 말한다. 이것이 아내가 남편과 하나가 되는 방법이다. 창세기 2장 18절에 나오는 '돕는 배필'이란 바로 남편의 영적 권위를 세워주는 아내를 의미한다. 아내의 순종으로 믿지 않는 남편이라도 거룩해질 수 있고 구원받게 할 수 있다(벧전 3:1; 고전 7:14-16).

④ 그리스도께서 교회를 사랑하신 것같이 남편은 아내를 제 몸같이 사랑하고 거룩하게 한다

엡 5:25-26 "남편들아 아내 사랑하기를 그리스도께서 교회를 사랑하시고 그 교회를 위하여 자신을 주심같이 하라 이는 곧 물로 씻어 말씀으로 깨끗하게 하사 거룩하게 하시고"

성경은 남편들을 향하여 아내 사랑하기를 그리스도께서 교회를 위하여 자신을 주심같이 사랑하라고 하였다. 즉, 그리스도가 십자가에 달리시기까지 교회를 사랑하신 것처럼 남편이 아내를 사랑해야 한다는 것이다. 여기에서 사랑의 의미는 복종의 의미와 다를 것이 없다. 아내 사랑은 아내 앞에서 남편이 자기를 포기하는 것을 말한다. 이것이 남편이 아내와 한 몸을 이루는 방법이다. 아내는 남편 앞에서 없어지고 남편은 아내 앞에서 없어질 때 부부는 하나가 되는 것이다. 신앙생활은 자기를 포기하는 데에서부터 출발하는 것이라고 할 수 있으며, 이러한 출발은 부부 사이에서 시작해야 한다.

남편이 아내를 사랑하는 것은 궁극적으로 아내를 거룩하게 하는 것이다. 그리스도가 교회를 물로 씻어 말씀으로 깨끗하게 하사 거룩하고 흠 없게 하여 영광스러운 교회로 만드는 것처럼 남편은 아내를 거룩하고 흠 없게 만들어야 한다는 것이다. 중생하여 복음으로 구원받아 세상과 구별된 삶을 사는 아내를 만들어야 한다는 것이다. 아내에게 억울한 마음이나 상처를 주어 죄짓지 말게 하며 아내의 은사를 찾아 아내가 할 수 있는 일로 하나님을 위하여 봉사하게 하는 것이다. 이것이 아내를 거룩하게 하는 것이다.

부부가 한 몸을 이루어야 하는 궁극적인 목적은 부부의 행복을 성취하는 데에 있는 것이 아니다. 당연히 부부가 그리스도 안에서 행복해야 하지만 남편과 아내가 하나의 지체가 되어야 하는 가장 큰 목적은 그리스도의 몸을 세우는 데 있다. 부부가 온전한 지체가 되어야만 그리스도의 몸을 세우는 사역에 참여할 수 있으며 자녀들을 신앙적으로 바로 세우고 영적 싸움에 승리할 수 있다.

(2) 부모와 자녀의 관계

① 자녀는 하나님께서 주신 기업이다

시 127:3 "보라 자식들은 여호와의 기업이요 태의 열매는 그의 상급이로다"

부모와 자녀의 관계를 바로 세우기 위해서는 먼저 자식이 누구인지를 확실히 알아야 한다. 시편 127편 3절에 "자식은 여호와의 주신 기업(inheritance)"이라고 하였다. 이 말씀의 의미는 바로 그 자녀를 하나님께서 다른 사람에게 맡기지 않으시고 나에게 맡겨주신 기업이라는 것이다. 자녀를 자신의 소유로 생각하지 말고 하나님의 방법으로 키워 자녀를 하나님의 귀한 일꾼으로 세워야 한다.

② 부모는 자녀를 말씀으로 양육하고 훈계한다

엡 6:4 "또 아비들아 너희 자녀를 노엽게 하지 말고 오직 주의 교훈과 훈계로 양육하라"

에베소서 6장 4절은 특별히 아버지가 자녀를 하나님의 말씀으로 양육하고 훈계할 것을 말씀하고 있다. 이것은 어머니는 자녀를 양육하고 훈계하는 일에 참여하지 말라는 뜻이 아니다. 단지 가정의 영적 지도자인 아버지에게 자녀 양육에 대한 영적 책임이 있음을 보여주는 것이다. 부모는 자신의 경험이나 가치관에 따라 자녀들을 양육하는 것이 아니고 하나님의 말씀에 따라 해야 한다는 것이다.

③ 자녀는 부모에게 순종한다

> **엡 6:1-3** "자녀들아 주 안에서 너희 부모에게 순종하라 이것이 옳으니라 네 아버지와 어머니를 공경하라 이것은 약속이 있는 첫 계명이니 이로써 네가 잘되고 땅에서 장수하리라"

자녀가 부모에게 순종하는 것은 하나님께서 인간에게 주신 준엄한 계명이다. 이 계명은 십계명에서 다섯 번째 것이지만 구약의 율법 속에만 남아 있는 계명이 아니고 지금도 하나님께서 우리 인간에게 주신 하나님의 뜻이 담겨 있는 계명이다. 순종은 반드시 부모로부터 배워야 한다. 자녀들에게 순종을 가르치는 방법은 부모가 말씀을 가르치고 말씀대로 사는 모습을 보여주는 것이다. 순종하라고 말하지 않아도 말씀을 가르치고 그대로 행하면 자녀들은 저절로 순종을 배운다.

그러한 자녀는 부모에게 순종할 뿐만 아니라 하나님께 순종하는 것이 무엇인지 안다. 부모를 향한 자녀의 순종은 하나님을 향한 순종의 가시적 모형이라고 할 수 있다. 하나님께서는 주 안에서 부모에게 순종하면 잘되고 땅에서 장수한다는 약속을 더해 주셨는데 우리는 이 약속이 얼마나 의미 있는 약속인지를 알아야 한다. 십계명에는 약속이 있는 계명이 이 계명 앞에도 있지만 이 계명을 약속이 있는 첫 계명이라고 한 이유는 이 계명이 인간관계는 물론 하나님과 인간의 관계를 보존하는 데 그만큼 우선되는 계명이기 때문이다.

부부가 복종과 사랑으로 한 몸이 되고 부모가 자녀를 말씀으로 양육하고 자녀가 부모에게 순종함으로써 가정은 하나의 온전한 지체가 될 수 있다. 이러한 지체들이 지체의 분량대로 역사할 때 온전한 그리스도의 몸은 세워질 수 있다.

복음을 전파한다

1) 왜 복음을 전파해야 하는가?

(1) 하나님께서 인간을 사랑하시기 때문이다

> **요 3:16** "하나님이 세상을 이처럼 사랑하사 독생자를 주셨으니 이는 그를 믿는 자마다 멸망하지 않고 영생을 얻게 하려 하심이라"

(2) 복음은 구원을 주시는 하나님의 능력이기 때문이다

롬 1:16 "내가 복음을 부끄러워하지 아니하노니 이 복음은 모든 믿는 자에게 구원을 주시는 하나님의 능력이 됨이라 먼저는 유대인에게요 그리고 헬라인에게로다"

(3) 복음 전파는 하나님의 명령이기 때문이다

막 16:15 "또 이르시되 너희는 온 천하에 다니며 만민에게 복음을 전파하라"

딤후 4:2 "너는 말씀을 전파하라 때를 얻든지 못 얻든지 항상 힘쓰라 범사에 오래 참음과 가르침으로 경책하며 경계하며 권하라"

교회의 목적은 하나님 나라의 확장이다. 성도는 구비된 지체로서 그리스도의 몸을 세우고 복음 전파를 통한 하나님 나라의 확장에 힘써야 한다.

복음을 전파해야 하는 이유는 첫째, 하나님께서 세상을 사랑하시기 때문이다(요 3:16). 세상이란 하나님을 믿는 자들만이 아니라 믿지 않는 자들도 모두 포함하는 말이다.

둘째, 복음 이외에 어떤 것으로도 인간을 구원할 수 있는 능력이 없기 때문이다. 바울은 복음만이 믿는 자에게 구원을 주시는 하나님의 능력이라고 하였다(롬 1:16).

셋째, 복음 전파는 하나님의 명령이기 때문이다. 예수님께서 제자들에게 마지막으로 부탁하신 것이 온 천하에 다니며 만민에게 복음을 전파하라는 것이다(막 16:15). 때를 얻든지 못 얻든지 항상 힘써야 하는 것이 복음 전파이다(딤후 4:2).

2) 어떻게 복음을 전파하는가?

(1) 전도

롬 10:14-15 "그런즉 그들이 믿지 아니하는 이를 어찌 부르리요 듣지도 못한 이를 어찌 믿으리요 전파하는 자가 없이 어찌 들으리요 보내심을 받지 아니하였으면 어찌 전파하리요 기록된 바 아름답도다 좋은 소식을 전하는 자들의 발이여 함과 같으니라"

바울은 이사야 52장 7절을 인용하여 좋은 소식을 전하는 자들의 발이 아름답다고 하였다(롬 10:14-15). 복음 전파를 위해서는 전파하는 자가 보내심을 받아야 하고 보내심을 받은 자가 전하여 들려주어야 한다. 전하는 자의 소식을 듣고 믿는 자는 그리스도를 부른다. 믿지 않는 자가 어떻게 구원해 달라고 그리스도를 부르겠는가? 복음 전파는 크게 나누어 전도와 선교라 할 수 있다. 전도는 동일한 문화권에 있는 사람들을 대상으로 집 근처에서, 교회 근처에서 그리고 직장에서 할 수 있는 복음 전파 방법이다. 구원받은 자들은 모두 보내심을 받은 자들이다.

(2) 선교

마 28:18-20 "예수께서 나아와 말씀하여 이르시되 하늘과 땅의 모든 권세를 내게 주셨으니 그러므로 너희는 가서 모든 민족을 제자로 삼아 아버지와 아들과 성령의 이름으로 세례를 베풀고 내가 너희에게 분부한 모든 것을 가르쳐 지키게 하라 볼지어다 내가 세상 끝날까지 너희와 항상 함께 있으리라 하시니라"

선교는 문화, 언어, 풍습이 다른 타문화권에 있는 사람들을 대상으로 행해지는 복음 전파이다. 마태복음 28장 19-20절은 예수님께서 승천하시기 전에 마지막으로 제자들에게 주신 말씀으로 '모든 족속'에게 가서 복음을 전하라는 것이다. 이 명령은 제자들에게만 아니라 오늘날 우리에게도 주신 명령이다.

3) 어떻게 전도하는가?

(1) 삶

마 5:16 "이같이 너희 빛이 사람 앞에 비치게 하여 그들로 너희 착한 행실을 보고 하늘에 계신 너희 아버지께 영광을 돌리게 하라"

빌 2:15 "이는 너희가 흠이 없고 순전하여 어그러지고 거스르는 세대 가운데서 하나님의 흠 없는 자녀로 세상에서 그들 가운데 빛들로 나타내며"

벧전 3:15 "너희 마음에 그리스도를 주로 삼아 거룩하게 하고 너희 속에 있는 소망에 관한 이유를 묻는 자에게는 대답할 것을 항상 준비하되 온유와 두려움으로 하고"

그리스도인들에게는 삶 자체가 전도이다. 세상 사람들 앞에서 하나님의 기준에서 벗어나 하나님을 거스르는 세대 가운데에서도 그리스도인들은 세상을 향하여 빛을 비추어야 한다. 빛을 비추는 방법은 흠 없는 자녀로 착한 행실을 보이는 것이다(마 5:16; 빌 2:15). 그리스도인들이 소망이 없는 세상에서 착한 행실을 보일 때 세상 사람들은 그리스도인들에게 소망에 관한 이유를 묻는다. 그러면 그리스도인들은 묻는 자에게 온유와 두려움으로 대답할 것을 항상 준비하고 있어야 한다(벧전 3:15).

(2) 간증

행 22:1 "부형들아 내가 지금 여러분 앞에서 변명하는 말을 들으라"

행 26:1 "아그립바가 바울에게 이르되 너를 위하여 말하기를 네게 허락하노라 하니 이에 바울이 손을 들어 변명하되"

그리스도인들은 누구나 자신이 어떻게 구원을 받게 되었는지에 대한 간증이 있다. 간증을 통한 전도는 자신이 직접 체험하고 깨달은 것을 입으로 증거하면서 예수 믿기를 권하는 것이다. 바울은 유대인들 앞에서(행 22:1-21) 그리고 아그립바 왕 앞에서(행 26:1-23) 자신을 변명하는 과정에서 철저한 바리새인으로 예수 믿는 자들을 심하게 박해한 자신의 과거와 다메섹 노상에서 직접 예수님을 만나(행 9:1-9) 변화된 자신의 모습을 그대로 드러내면서 복음을 증거하였다.

(3) 복음 제시

행 13:38-39 "그러므로 형제들아 너희가 알 것은 이 사람을 힘입어 죄 사함을 너희에게 전하는 이것이며 또 모세의 율법으로 너희가 의롭다 하심을 얻지 못하던 모든 일에도 이 사람을 힘입어 믿는 자마다 의롭다 하심을 얻는 이것이라"

이것은 복음을 직접 제시함으로써 전도하는 방법이다. 바울은 첫 번째 선교여행 중 비시디아 안디옥 회당에서 유대인들을 향하여 복음을 제시하였다(행 13:16-41). 바울은 하나님께서 이스라엘 백성을 어떻게 인도하셨고 약속을 주셨으며 그 약속에 따라 보내주신 예수 그리스도의 죽으심과 부활을 증거하였다. 이어서 바울은 모세의 율법으로는 의롭다 하심을 얻지 못하지만 이 사람 곧 예수 그리스도를 힘입어 믿는 자마다 죄 사함 받고 의롭다 하심을 얻는다고 증거하였다.

4) 어떻게 성도가 선교사역에 동참할 수 있는가?

(1) 선교사와 선교사역을 위하여 기도한다

살후 3:1-2 "끝으로 형제들아 너희는 우리를 위하여 기도하기를 주의 말씀이 너희 가운데서와 같이 퍼져 나가 영광스럽게 되고 또한 우리를 부당하고 악한 사람들에게서 건지시옵소서 하라 믿음은 모든 사람의 것이 아니니라"

바울은 데살로니가를 떠난 후 아덴을 거쳐 고린도에서 전도하면서 유대인들로부터 고소를 당하는 어려운 상황에 처해 있었다. 그때 바울이 데살로니가 성도들에게 편지하면서 복음이 데살로니가에서처럼 고린도에서도 신속히 전파되어 많은 사람들이 믿을 수 있도록, 그리고 고린도에서 바울의 전도를 방해하던 부당하고 악한 자들로부터 건짐받을 수 있도록 기도해 줄 것을 부탁하였다. 우리는 선교사와 선교사역을 위하여 기도에 힘써야 한다.

(2) 선교헌금으로 도울 수 있다

빌 4:18 "내게는 모든 것이 있고 또 풍부한지라 에바브로디도 편에 너희가 준 것을 받으므로 내가 풍족하니 이는 받으실 만한 향기로운 제물이요 하나님을 기쁘시게 한 것이라"

성도들이 선교헌금으로 선교사역을 도울 수 있다. 바울은 빌립보 교인들이 에바브로디도 편에 보내 준 선교헌금에 대하여 '향기로운 제물이요 하나님을 기쁘시게 한 것'이라고 칭찬하였다.

(3) 선교사역에 직접 동참할 수 있다

행 13:2-3 "주를 섬겨 금식할 때에 성령이 이르시되 내가 불러 시키는 일을 위하여 바나바와 사울을 따로 세우라 하시니 이에 금식하며 기도하고 두 사람에게 안수하여 보내니라"

성도들도 선교사역에 직접 참여할 수 있다. 초대교회 시대에 수리아 안디옥 교회는 금식하며 기도하고 바울과 바나바를 따로 세워 선교사로 파송하였다(행 13:2-3). 오늘날에도 교회가 장기 혹은 단기 선교사를 파송하고 선교사가 현지에서 사역할 수 있도록 후원하는 일에 성도들도 동참할 수 있다. 또 성도는 자신만이 가지고 있는 특별한 기술이나 특기를 이용한 전문인 선교를 할 수 있다.

인간은 왜 구원을 받아야 하는가?

1판 1쇄 인쇄 _ 2019년 10월 18일
1판 1쇄 발행 _ 2019년 10월 25일

지은이 _ 이양림
펴낸이 _ 이형규
펴낸곳 _ 쿰란출판사

주소 _ 서울특별시 종로구 이화장길 6
편집부 _ 745-1007, 745-1301~2, 747-1212, 743-1300
영업부 _ 747-1004, FAX 745-8490
본사평생전화번호 _ 0502-756-1004
홈페이지 _ http://www.qumran.co.kr
E-mail _ qrbooks@gmail.com / qrbooks@daum.net
한글인터넷주소 _ 쿰란, 쿰란출판사
페이스북 _ www.facebook.com/qumranpeople
인스타그램 _ www.instagram.com/qrbooks
등록 _ 제1-670호(1988.2.27)
책임교열 _ 최진희·김영미

ⓒ 이양림 2019 ISBN 979-11-6143-302-8 93230

책값은 뒤표지에 있습니다.
이 출판물은 저작권법에 의해 보호를 받는 저작물이므로 무단 복제할 수 없습니다.
파본(破本)은 구입처에서 교환해 드립니다.